あるがままの
自分になる

ヨグマタ
相川圭子

はじめに

２０２３年6月、ニューヨークで開催された国際ヨガデーの式典。ハリウッド俳優や政治家など多くの著名人が集う中、インドのモディ首相が歩み寄り、頭を垂れた相手がいます。

ヨグマタ・相川圭子。

「ヨグマタ＝宇宙の母」と呼ばれる彼女は、２０１６年10月にニューヨークの国連本部で開かれた国際会議に主賓として招かれ、平和のスピーチを捧げたほか、ネパール政府に招待されて瞑想指導を行うなど、世界規模で尊敬を集めている「ヒマラヤ大聖者」です。

ヒマラヤ大聖者とは、5000年以上前から口頭で伝承されているヒマラヤ秘教の真理を説く精神的指導者のこと。インドに2000万人いるという修行者の最高峰であり、インド政府から正式に認められているのは、ヨグマタを含め、世界に二人しかいません。

本書は、ヒマラヤ大聖者であるヨグマタが、悩める現代の人々を救うために著した一冊です。

なぜ人は悩むのか
生きる目的は何なのか
どうすれば幸せになれるのか

誰もが渇望するそれらの答えがこの本にあります。

ヨグマタ巻頭言

先日、ニューヨークで瞑想セミナーを行いました。私はアメリカでも「HIMALAYAN WISDOM SERIES」という書籍を数冊出版しているので、ヒマラヤ秘教に興味があるニューヨーカーが集まってくださいました。

ニューヨークは、ビジネスの最先端であると同時に、自己啓発や心理学、瞑想などにおいても非常に進んでいます。もともとキリスト教が土台にあることもあり、信仰に抵抗がありません。

だから、ヒマラヤ大聖者である私のことは、女性としてスピリチュアルな最高の偉業を遂げたユニークさを尊重して受け入れてくれます。「ブレッシング（ヒマラヤ大聖者が放つ高次元のエネルギー）を受けたい」「ひざまずいて挨拶をしたい」と言って、非常にリスペクトしてくれました。

彼らは、様々な願いや悩みを持っており、救いや悟りを求めて私の元を訪れます。日本で私の元にやってくる日本人もそうです。

アメリカ人も日本人も、悩みの種類は多様です。

アメリカ人といっても、その背景となる出身国は色々です。ヒマラヤ秘教の教えは人種を超えて、宗教を超えて、みなさんが求めてきます。キリスト教文化の方、イスラム教文化の方、インドの方など様々です。日本人でアメリカに住んでいる方も多く来られます。職業も様々です。ヒマラヤ大聖者は、究極の悟りを得た存在として尊敬をもって迎えられます。

私たちは体と心、魂を持ち、どこの国の人だから違うということではなく、みんな同じなのです。誰も真理に到達してはいないので、私がそれを指導するのです。

私は現在、主に日本に活動拠点を置いていますが、ヒマラヤ秘教は決して日本人のみの教えということではなく、人種を超えた、最高の人間になるための教えです。どんな優秀な人もどんなお金持ちの人も誰も学び実践したことがない、ヒマラヤ秘教の究極のサマディをなした聖者からの直伝なので、みんなが馳せ参じてくるのです。

「ヒマラヤ秘教って何だろう」と、多くの人は思うでしょう。

古くさい。神秘的。近づきがたい教え。そう感じるかもしれません。

日本は、とても不思議な国です。

クリスマスのお祝いをしますし、お正月には初詣に行きます。困ったときには神頼みもするでしょう。そうやって複数の神様を受け入れている反面、新しいことをすることを恐れます。目に見えない〝それ〟に頼ることで、自分が変わってしまうのではないか、人から変に思われるのではないかと不安を感じているのでしょう。

ヒマラヤ秘教は、5000年以上前から伝わるヨガの真髄で、宇宙や人間の真理を追求する哲学です。その教えは、仏教をはじめとする様々な宗教のルーツになっています。

ヒマラヤ秘教の真髄は、宗教のように特定の神をあがめるものではありません。宇宙を創造した源の存在を信じ、宇宙の一部である自分を信じることで悟りのマスターの祝福をいただき、自分を変容させて真理を悟り、覚醒させる教えです。すべての答えと可能性は、あなた自身の中にあり、そこに至るには真理を体験した存在が必要です。

私は、自分のために泣いたり笑ったりするのではなく、人のために愛を出す生き方を選択しました。

世界の人々にサマディからの愛と平和をシェアすること。

真面目で繊細な日本人の意識を浄化し、生まれ変わっていただくこと。

この本を手にしてくださったあなたに実際に深い瞑想に至る秘法などを伝授して、救うこと。

それが私の願いであり、使命です。

本書が、あなたの人生の良き手引きとなることを祈っています。

人生で一番大切なことは、
真理を悟り、人として成長することです。
お互いに傷つけあわず、尊敬しあって、
美しい行為をしていきましょう。

目次

1章「心の悩み」を浄化する

2章「体の悩み」を浄化する

3章「人生の悩み」を浄化する

終章 あるがままの自分になる

ヒマラヤ大聖者からのメッセージ

特別付録　実践！　あるがままの自分になる生活習慣

序章

「あるがままの自分」とは

ヒマラヤ大聖者からのメッセージ

あなたは太陽のように輝いている

人生は旅です。
世界中の人々が幸せを探し求めて旅しています。
だから頑張ります。
人よりそれが少ないと悩みます。
せっかく手に入れても、
今度はそれを失うことを恐れて苦しみます。
幸せになるために努力しているのに、
頑張れば頑張るほど苦しみや悩みにとらわれます。
なぜでしょう。

それは、あなたが「あるがままの自分」を知らないから。
今から5000年以上前、ヒマラヤの聖者は
究極のサマディを成就して究極の悟りを得ました。
大自然の中で、苦行をして宇宙の叡智を悟ったのです。
人とは何か。幸せとは何か。体は、心は何なのか。
そして、それらを創った存在は何なのかという真理を実際に悟ったのです。
不安や葛藤、妬み、エゴなど、心を覆う曇りを払いましょう。
雲の奥には太陽が隠れています。暗闇を光あふれる世界に変える太陽がいるのです。

「あるがままの自分」

それはまさに太陽です。

愛や知恵、エネルギーにあふれています。

心の曇りを取り、あなたの奥深くにある神秘の力を目覚めさせましょう。

「あるがままの自分」は宇宙の一部

青空を仰ぐと心が晴れやかになります。

太陽の光を浴びるとエネルギーが湧いてきます。

花や緑を見ると心が穏やかになります。

多くの人はおそらく、これらを実感したことがあるでしょう。

どうして私たちは、自然に接すると心や体が整うのでしょうか。

それは、人間が大自然の一部であり、宇宙の一部だからです。

神が創造した雄大な宇宙には、計り知れない神秘があります。太陽があり、月があり、地球があります。

その地球には山があり、海があり、生命が息づいています。生まれては消え、また生まれては消え、進化と再生を繰り返しています。

その宇宙のドラマの中で人間も生死を繰り返しています。人の肉体は死んで土に還ります。魂とそれを覆う心の記憶のカルマがあるエネルギー体は、心の世界に導かれます。そして、そこでの波動に合ったふさわしい体をいただいて生き続け、次に生まれる機会を待ち、時を経て再誕してくるのです。つまり輪廻転生が繰り返されるのです。

人間は日々、外側のことに意識を集中させて心が発達してきました。心が命じて物や情報やお金をかき集めるなど、収集することに躍起になっています。

心は過去生と今生のカルマの欲望のままに動き回って、必要な物だけでなく、不必要な物も集めます。それは魂を覆っていきます。自然の申し子である純粋無垢な「あるがままの自分」「本当の自分」を、どんどん曇らせて輝きを失わせていくのです。

「心」を喜ばせることが幸せではない

「あれを見たい」「これを見たい」。心が命令すると体が動きます。

忙しくて疲れているから、本当は体を休めたほうがいいのに、どこかへ出かけて、衝動買いをして、お酒を飲んで。自分の感覚の喜び、目の喜び、舌の喜びに我を忘れ、欲望を満足させることに必死になって、心身と時間を使っていきます。

そして、一度味わった喜びをより大きくするために、「前よりもっとすごいこと」をしようとします。そうやって頑張ったり、無理をしたりすることで、心や体に過度の負担をかけて壊していくのです。それは自分の肉体や心を磨いたりすることも同じです。

これではまるで、サバイバルのようです。

物を集めることや、心を満足させることに汲々《きゅうきゅう》としています。

人に負けないように。

誰よりも楽しむために。

誰もが必死に、欲望という名のレースに参加しています。


多くの人はこれを「幸せ」だと思っていることでしょう。感覚を喜ばせて、物をかき集めて、人より多く持っていること、また自分の肉体や心の力を増やすことも幸せだと考えます。

けれども、それこそが執着の悩みや苦しみを生むのです。

欲望のレースにゴールはありません。

むしろ進めば進むほどゴールは遠くなり、あるがままの自分が遠く霞んでいきます。そのことに気づかない限り、心の奴隷になり翻弄され、苦しみを作ることになるのです。

心の手綱を引く

なぜ人は、欲望をコントロールできないのでしょうか。誰かを羨んだり妬んだりする気持ちを止められないのでしょうか。見栄や虚栄心を手放せないのでしょうか。いっそのこと、心がなければどれほど生きやすいことでしょう。動物は心が未発達なのに、なぜ神様は人間にだけ心を与えたのでしょう。

人間は神の力を模倣して、文明を発達させてきました。医学の発達により、一昔前であれば救えなかった命を助けられるようになりました。誕生しないはずの命でさえ、創り出せるようになりました。天気図で未来を予測し、自然の変化と共生するのがうまくなりました。

しかしその一方で、野山を切り崩し、海を汚し、大自然の調和を崩しています。

化学兵器を開発し、欲に突き動かされて人間同士で争います。


これらはすべて、人間がエゴの心を使った結果です。

心が利己的な「もっと～～したい」と望むから。

心は、慈愛をもって上手に使えばクリエイティビティを発揮する素晴らしいものです。だから神様は、人間に心を与えました。

しかし、多くの人は心の欲望の言いなりになるばかりで、心を正しく使いこなせていません。それでは心の奴隷となるだけで、人間性はむしろ失われていきます。

だから、人として成長するためには、心の言いなりになるのではなく、心の手綱を引き、コントロールすることが大切なのです。

人間の主体は「魂」

「心の手綱を引く」。これはいざ試してみると、実に難しいことがわかるでしょう。心は自由気ままに暴れ回ります。まるで暴れ馬のように言うことを聞きません。それと同時に、多くの人は、馬である心を自分の本質だと思っています。だから、暴れ回っても好き放題にさせています。

しかし本来は、馬の手綱を引くマスターが存在しているのです。それは、あるがままのあなた自身（魂）です。そのことがわからない、つまり気づかないから、正しく手綱を引くことができないのです。

ですから心の曇りを取って、自己、つまりあなたは心ではないと気づくこと。自己、つまりあなた＝魂であると悟るのです。

まずは意識を覚醒させて気づきをもって、手綱を引くのです。必要のない動きをしたら鎮めます。前のめりにも後ろのめりにもならず、中心に座って乗りこなしていきます。

魂は人間の主体です。

すべてを創り出した源の存在、神の分身です。

神様は、自分の分身である魂を、一つ一つの肉体に入れてこの世に送り出しているのです。

それは、海水をくんだコップと似ています。すべての生命は海から誕生しました。だから海は、源の存在だと言うことができます。それに対して個人の魂は、コップに入った海水のようなものです。

海とコップの海水、量は違っても性質は同じです。大きな海も、コップに入った海水も、同じクオリティを備えた神秘の存在なのです。

あるがままの自分に還る

5000年以上前、ヒマラヤの聖者は、宇宙の仕組みを知るために厳しい修行を行いました。先述したように、人体も宇宙の要素で構成された宇宙の一部です。その中に何があるのか。内側の真理を追求するために、深い瞑想を行いました。長い苦行を行い、さらに特別な秘法などで瞑想することで、目に見える世界から見えない世界へのルーツをたどり、創造の源に還る究極のサマディ（ヨガの最高峰の悟り）を成就したのです。心と体を極限まで浄め純粋にして、心身を超越し、純粋意識になるのです。

意識が低いときはエゴがあり、あれこれ苦しみますが、エゴが浄まって外れて、平和になって、意識が進化して、とらわれのない完全に自由な人になっていきます。神のレベルの、純粋なあるがままの自分に還っていくのです。

あなたが今、何をできるかです。欲の心で生きていたのが、「今」に留まって、エネルギーが浄まり、自分の源に何があるのかということに気づいていくのです。そして、宇宙の一部である自分が、周囲とどう関係していけばいいのかを理解します。

今までは、自分の本質は体だと、心だと思っていたのです。しかし、それらは常に変化するし、体はこの世界に置いていかなければなりません。本質ではないものを自分だと勘違いしていることで、苦しみが生まれるのです。本質である、あるがままの自分を修行をして悟ることができるならば、それは、愛に満ちていて、知恵があり、生命力にあふれているのです。心の欲望に振り回されず、体の苦しみに翻弄されずに生きることができるのです。

それは、この世を天国にし、また死後の天国行きが約束される生き方です。心の曇りが取れ、魂が輝きを放ち、愛が湧き出て平和になり、ただあることがうれしく喜びが湧いてくるのです。あるがままの自分を、魂を悟ることがこの世に生を受けた理由であり、生きる目的なのです。

1 章

「心の悩み」を浄化する

ヒマラヤ大聖者からのメッセージ

心の折り目を正しましょう

紙を折り、一度折り目がつくと、
それはなかなか取れません。
心も同じです。
数多の経験によって自己防衛で癖付けられた思いは、簡単には取れません。
まったく同じ場面でも、反応の仕方は十人十色。
悲しみ、思い悩む人がいる一方で、チャンスだと受け止める人もいます。
出来事と感情や心をつなぐ回路は、人それぞれ違うのです。

心の受け止め方が変われば、その後の行動も変わってきます。

それにより、運命までもが変わっていきます。

心に深く刻まれた折り目を正すのです。
人を羨み、自分を貶《おとし》め、悩み苦しむのではなく、
人を敬い、自分を認め、愛を出す心の使い方をしていきましょう。

あなたが真に変容するために。
「あるがままの自分」になるために。
まずは、あなたを苦しめている心の折り目を正していきます。
あらゆる悩みに対する反応の仕方、
心の折り目を正すためのヒントを
ヒマラヤ秘教５０００年の知恵をもとに説いていきます。

言いたいことが言えない

言いたいことが言えないという方は多いです。私の元にも、そういう方がよく訪れます。

ある人は、大勢の中で話をするのが苦手で、話し上手な人を羨ましく思い、人と会う前から疲れていると言います。

またある人は、相手を傷つけたり、期待に添えないことが嫌で何も言えず、いつも自分が我慢して表面的にはいい顔をしながら心の中では苦しんでいました。

どうしてそうなったのか。例えば小さいときに何かを言ったことで、人から攻撃されて、それ以来自分の気持ちを素直に表現できなくなったのかもしれません。

しかし、今まで人前で話せなかった人でも、私からの瞑想秘法や修行をするうちに、自信を持って国際会議で堂々と英語でスピーチができるようになるほど変わった人もいました。

瞑想秘法は、特別な波動の秘法で、その実践はあなたを源の神の領域に向かわせて、そこからのパワーと叡智と愛を引き出し、運命と宿命を変えてくれるのです。

あなたは自分の恐怖を選択しません。常に人の幸せを願います。相手に完全性を求めません。相手のいいところを見ましょう。「この人のここは素晴らしいな」と受け止めます。相手を尊敬しましょう。そうすれば、あなたに自信が出てきて前に進むことができるでしょう。

人を敬い、幸せを願うことで
心にゆとりができて前に進む力が湧いてきます。

いつもイライラしていて怒りっぽい

子供や親、職場の人などに怒り、いつもイライラしている人がいました。その人は、カウンセリングに通っていたそうですが、怒ったり、文句を言ったりして発散をする状況は基本的には変わらず、そんな自分を責めて苦しみ、長い時を経てようやく私の元へ修行に訪れました。

修行によって、無限からの愛をいただき、気づきが増しエゴから離れられ、鬼のように怒りがこみ上げることはなくなったそうです。その結果、職場でも、パワハラの上司の言動を客観的に見つめられるようになって、怒りを手放せるようになったとのことです。修行をしたら「自分が変わり、相手に対して期待しなくなる」とのこと。大切なのは、相手が自分の理想と違っても、ジャッジしないでそのまま受け入れること。心を超えて、愛から、意識から見るのです。

相手に完璧を求める価値観があると、怒りが生まれます。

今できるのは、良い意味で期待するのをやめることです。

「ま、いいか」と受け流しましょう。

人の運命と宿命を変えるのは、内側の秘法の実践が最速ですが、誰もがそれに出会えるわけではありません。まず今できることは、もっと相手が幸せになる利他行、善行をして愛を増やしましょう。相手の言動に振り回されて、怒りの感情につなげるのではなく、相手から学びをいただいていると感謝し、相手の幸せを祈り、自分を愛し、あるがままを受け入れる。ただ見ているのです。

相手の言動に振り回されずに、

「ま、いいか」と受け流しましょう。

頑張ってもまだ足りないと思ってしまう

頑張ることは良いことだとされています。私もそれを否定はしません。けれども、充分頑張って成果を獲得しているにもかかわらず、「まだ足りない」「もっと頑張らなければ」と自分を追い込みすぎるのは、あまり良いとは言えません。見方によっては、どれだけ手に入れても満たされない「欲が深い人」とも言えます。

「欲が深い」と「向上心がある」。似ているようで異なるこの2つは、どのように捉えればよいのでしょうか。

ある人の例を参考にして考えてみましょう。

その人は、結婚をして、マイホームを建て、いい車に乗ってという、いわゆる

「幸せ」を一直線に追求してきました。もちろん、単純に幸せになりたい気持ちはあったけれども、その根底には人より優位に立ちたい、バカにされたくないという思いがあると気づいていたそうです。

そのせいか、いくら頑張っても「まだまだ」「あの人よりは劣っている」と不足を感じていたとのこと。できない自分を嫌ったり、所詮こんなものかと諦めたりして、負の思いが生命力を削り取っていき、ついには精神を病んでしまいました。

この人の根底にあるのは「恐れ」と「不安」です。

一般に人は目に見える幸せを追い求め、それをたくさん得てもさらに、「もっともっと」となって、いつまで経っても満たされることがありません。人よりも色々持っているから幸せなんだと自分に言い聞かせても、不安が消えない。

どうしてでしょう?

こんなに物があるのに。

しかも、人が羨むような立派な物ばかりなのに。

たしかに、物や人からの称賛は感覚や心を喜びで満たします。車を乗り回せてうれしい。マイホームを手に入れて喜ぶ。また、人から褒められてうれしい。ところが、感覚の喜びは長続きせず一瞬です。満ちたらそれで完結。どんなにすごいものでもです。再び自分を高揚させる物や称賛を求めて必死になります。こうして、思い込みの心の奴隷となって走り続け、永遠に満たされることはないのです。ですが、ヒマラヤ秘教の修行をすると執着が外れ、その心に気づきます。外側からかき集めたものは、それに人を依存させ、消耗させるのです。自分の内側を満たすことはできません。

本当の幸せは、欲望の先にあるのではなく、自分の内側の源にあります。それを発見し気づいていくのです。

くっつけたり、競争して得る表面的な喜びではなく、内側が浄まり、純粋な心になり、心を超えて究極に達することであるがままの自分に至るのです。深い純粋なところから命の力が湧いて、知恵が湧いて、愛が湧いて、自分が再生されるのです。

人は本質を知らず、飽くなき欲求でせわしなく動き回り、不必要なことにエネルギーを使って、命を削っていきます。

「それは自分を成長させる向上心か？　それとも不安を紛らわすための欲望か？」自分の内側を見つめて問いかけてみてください。あなたの行為が自分のエゴを喜ばせるためであると、やがて疲弊します。あなたのエゴからではない功徳を積む行為が内側の喜びと真の成長をもたらし、やがて本質に向かわせていくのです。

幸せは欲望の先ではなく
自分の内側にあるのです。

気をつけているのに同じようなミスを繰り返す

「幼少期に白血病を患いましたが、両親は、大きくなるまでずっと病名を教えてくれませんでした。ただどこか自分は普通と違うという思いを抱えていました。そのうち、人前に出るとひどく緊張するようになりました。平常心を保とうと努力しましたが、すればするほど緊張してしまい、失敗の体験を積み重ねては自信をなくすという悪循環を繰り返していました」

このような悩みを打ち明けてくれた人がいました。その方はヒマラヤ秘教の実践で緊張も取れ、人から褒められるようになり、自信を取り戻していきました。

多くの人は反省したり、気をつけようと思えば思うほど緊張してしまうんですね。

心は原因と結果の法則でずっと連動しています。たとえ緊張しないようにと思っても、過去の緊張の記憶につながり、緊張を引き起こすのです。自己防衛でのバランスから、修行で根本が変わり、あるがままの自分に癒やされていきました。

このような方が今すぐにできることは「よく思われたい」というエゴの心を使わず、気づきを深めて心から離れます。無心になります。

まずは今のできない自分をそのまま受け入れます。受け入れるというのは、赦《ゆる》すということです。

「そんな自分もオッケー」

ミスをしそうで心が揺れ動きそうになったら、そうつぶやいてみてください。

ミスを繰り返す自分を受け入れ、赦しましょう。
それが緊張の連鎖を断ち切る一番の近道です。

虚栄心が強い

本当はお金がないのにブランド物を身につけたり、友達が多くいるとアピールをする人がいます。

過去に、見た目や家柄、お金がないなどで、他人から差別された経験があるのかもしれません。蔑まれるのは辛いので、鎧をまとい自分を守っているのでしょう。けれども、虚栄心で固めた鎧は自分を醜くしてますます否定的になり、あるがままの自分を覆い隠していきます。

だから、変えられない要素は素直に受け入れて、良い部分にもきちんと目を向け、自分を認めてあげてください。身一つの自分をそのまま受け入れる勇気を持ちましょう。そして、自分の内側から良いものがにじみ出るような生き方をしていくのです。感謝や優しさを出したり、自己防衛で人を傷つけているかもしれないと、素直にお詫びします。仕事に対して誠実であったり、約束を守ったり。

そのままの自分を受け入れ、虚勢を張っていない自然な自分を愛し、それになっていきます。その自分が輝いていています。

身一つの自分をそのまま受け入れる勇気を持ちましょう。

嫉妬が止まらない

ある人が、子供の頃に虐待や面前DV、ネグレクト、兄弟差別を受けていて、親から愛されていないと感じて大人になりました。恋人ができても本当に愛されているのかすぐに疑ってしまい、自分以外に愛情が向いていることが許せないと言って苦しんでいました。

子供の頃に虐待されていたので、愛がわかりません。恋人が愛を与えていても、自信がなく、「もっと欲しい」と独占欲が生まれます。

そういうバランスが悪い関係は、すぐに破綻してしまいます。

嫉妬心が強い人に学んでいただきたいのは、比較する心の使い方をやめます。そして、もらう愛ではなく、「与える」という愛の使い方を知ることです。まず、自信のない自分も受け入れます。そして本質の「あるがままの自分」を信じ、もっと源にある宇宙的愛につながり、愛を使って成長させていくのです。自分を愛し、この肉体とその親である神を敬い、そこに愛を捧げ信じます。

さらに色々なものに感謝をして、思いやりを持ち、愛を出していく練習をしていきましょう。美しいとか若いとか、表面的な価値観に惑わされるのではなく、相手の生きようとする生命力に対して、慈愛と尊敬を持って、自分が愛する喜びを感じてください。「愛される」ではなく「愛する」喜びです。それを知ることができれば、エゴの愛の嫉妬に翻弄されず、大いなる存在に謙虚になり、あるがままの自分を愛する真の愛に満ちた人生を送ることができていくでしょう。

「愛される」だけでなく、「愛する」喜びを知り、愛を出す練習をしていきましょう。

人と自分を比べてしまう

私の元で修行を始めた人が、こんなことを言っていました。

「幼い頃から姉弟や友人と比べられて、自信が持てずにいました。失敗も多くて、あまり褒められた記憶がなく、褒められたくて頑張ってみたり、やっぱりダメだと怠けたり、諦めたりしていました。習い事も続きませんでした。職場では『もっと仕事ができなきゃいけない』と、自分の中で完璧を目指していたように思います。『役に立ってない』とか『私は必要ないかな』と思うこともありました。

けれども、ヨグマタジ（※ジは敬称）と出会って、教えと瞑想、プログラムを受けるようになってから、安心感と余裕が生まれて、相手のことを考えられるようになりました。人と比べることもなくなり、失敗しても、まっいいかと、次はどうしようと考えたり、私なりにできている、大丈夫と思えるようになりました。
あまり疲れないし、掃除機をかけながら、この何気ない日常が幸せだなぁと感じたりしています。今は、心がとても豊かです」

これは私の教えで高次元の波動につながり、心が浄まり、それと離れ神聖な見方になってきたからです。

人と自分を比べてしまう人は、比べることが癖になっています。外側を見て心は常に比較します。心が勝手に反応し、判断を下すのです。そして、意図せず勝手に落ち込みます。

癖を直すのは一筋縄ではいきません。一度ついた心の折り目は、なかなか元に戻りません。ですから、本来は修行して、古い折り目を根本的に溶かして取るのがベストですが、まずは現在のそうしたできない自分も含めて受け入れ愛し、今与えられたことを誠実にコツコツ行っていきましょう。周りと比較するのではなく、自分と相手の違いを受け入れ、相手に感謝し尊敬していきます。あるいは、「古い折り目にスイッチを入れずに反応しない」というのも選択肢の一つです。

具体的には、環境を変えてみるのもよいのではないでしょうか。

もし、職場でどうしても人と自分を比較してしまうのであれば、比べないで済むような仕事に転職する。静かに自分自身の仕事に向き合えるような職種。例えば、データ入力や仕分け作業などの仕事や、スキルがあるならばプログラマーなどもいいでしょう。

コンプレックスを感じすぎて苦しいのであれば、現在の職場は向いていないのかもしれません。変な思い込みで続けるより、呼吸しやすいところに行きましょう。

ただし、ヒマラヤ秘教の実践は、自分が変わることで周りが変わることを伝えています。


自分は自分。人は人。

自分が呼吸しやすいところで生きていきましょう。

2章

「体の悩み」を浄化する

ヒマラヤ大聖者からのメッセージ

休み方を知らないあなたへ

偏った体の使い方をしていませんか。
ジャンクフードばかり食べていませんか。
心を使いすぎていませんか。

現代人は、集中するのは得意です。
頑張るということは、集中するということ。
集中するということは、生命エネルギーを消費するということ。

けれども、現代人は調和の取り方と休み方を知りません。

頑張れ、頑張れ、頑張れと、自分を限界まで追い込みます。

だから、生命エネルギーが枯渇しないように休むことが大事。


それでは一体、集中の反対は何でしょう。

それは、手放すことです。

抱え込んだ疲労や執着、成果やこだわり、欲を手放すこと。

自分を空っぽにして、再生力のある源からの新たなエネルギーで満たすスペースを作ること。


手放しましょう。

そして、心を空っぽにするのです。

それは、あるがままの自分に出会っていくことです。

いくら休んでも疲れが取れない

「疲れが取れない」と言う人の多くは、マインドを使いすぎています。何かを意識して、あるいは無意識で気にしたり、頑張りすぎたり、心配したり、欲をかいたりして、マインドがあちらこちらに行ったり、常にぐるぐる動き回って生命エネルギーを消費しています。また姿勢が歪んだり、内臓のバランスがとれないと、自律神経が不調和になり疲れます。

そんなわけで現代人は、マインドが無意識に動き回り、その願いを叶えるために体も動きます。洋服が欲しい、お菓子が食べたいとそれぞれの店に向かうこともあるでしょう。また、布団に入っても頭が情報で興奮して、寝ても休まらず回復する機会を失っているのです。

ある人は、会社の資金繰りに追われて心身ともに疲弊していました。「1ヶ月後にはどうなっているだろう」と、毎日毎日そのことばかり考えて、まったく眠れないと嘆きます。マインドを使いすぎている典型的な例と言えるでしょう。肉体は心の言う通りに動きますから、心が動き回っていると肉体も休むことができません。

結局その人は、悟りのエネルギーの祝福と深い瞑想で積極的に心身の内外を整え、整理して浄化して心を鎮めることで体も休まったのです。土日は完全に仕事のことを忘れて不動のあるがままの自分に近づき、リラックスできるようになり、会社の業績も安定しました。

「いくら休んでも疲れが取れない」と言う人の中には、集中しすぎてエネルギーが枯渇している人もいます。

例えば、クリエイティブな仕事をしている人。芸術家やデザイナー、商品開発や企画に携わる人など。そういう人は、集中することは癖になって得意だけれども、その回路を切り替えて深く休息する方法がわかりません。お酒や娯楽など、また違う回路で心や内臓を使います。

そのため、次第にエネルギーが枯渇していき、燃え尽きて寝ても回復できないのです。競争社会の真っただ中にいる人は、仕事を離れることに恐怖を感じるのです。

内側のからくりは見えないしわからないので、誰もがこだわりと執着の心が強く、その癖を変えることができません。ヒマラヤ聖者の叡智とエネルギーは、あなたの癖を取り除き、源のあるがままの自分に導き、神聖な人に生まれ変わらせることができます。内側の心のエゴに掻《か》き曇らされた秘密の回路を目覚めさせることが必要です。

この本でお伝えできるのは、無心になり深く休息の時間を持つということです。どんなお稽古事でもそれをよく知るマスターに習うのが、自己流で誤った方向に行かなくて良いのです。私はいつも、忙しい一般の現代人に自然に無理なく変わっていただいています。心身も、神経も、内臓も、瞑想秘法と源の波動と気づきで生まれ変わります。

実際に不動の人になる実践をするときには、サマディで悟りを得たマスターからの教えを乞うのが良いでしょう。ただ座り、無心になっていきましょう。

何もしないで今にいると、エネルギーを使わないので、それが溜まってきます。そうすると疲れた心と体が癒やされて、調和が取れていきます。潜在意識に欲望の記憶があり、動きたいという思いにスイッチが入って翻弄しようとしますが、強い決意を持ちます。ヒマラヤ聖者の秘法をいただくと自然にできます。今動かないので心と体が休み、その緊張がほぐれてきます。そして、疲れ切って疲弊した心身にエネルギーが満ちて癒やされ、不安な気持ちが溶けて平和な気持ちになってきます。もしそれが成功すると、深い安心感。穏やかで、生命エネルギーが満ちてきます。何もしない時間を持ち、無心になることにはそのような効果があるのです。

あぐらをかいて目を閉じ、深呼吸をしましょう。エネルギーが漏れにくくなり、体が浄化されていきます。

体を壊して以前のように動けなくなった

私の元を訪れたある人は、スポーツと肉体訓練で数十年間、体を酷使し続けてきました。その間、様々な関節に痛みが発生し、4年前についに歩くのに杖が必要になったのです。あらゆる健康法と治療を行いましたが、体はよくならず、家族や仕事の問題なども重なり、精神的に行き詰まっていったそうです。

そうした中で、私の本に出会い、私のところで瞑想を中心とした根本療法を行い回復してきました。まだ修行をして1年ちょっとですが、心は穏やかになり、家族や仕事の問題も解決し、関節の痛みもやわらぎ、立ち続けることができるようになったとのこと。体に感謝できるようになり、希望が湧いてきたそうです。

体の不調を抱えて、色々と努力をしている人もいるでしょう。しかし一時的に治ってもそれは対症療法であり、異常は内側に複雑に残り、潜伏して継続していることもあります。思い悩んでいると精神まで病んでしまいかねません。

今ここでできるアドバイスとしては、まず若い元気なときと違う今の自分を受け入れます。誰のせいでもありません。

足が不自由になったり、耳が聞こえなくなったら、それを責めたり悔やむのではなく、自分を変えるためのチャンスと感謝します。自然回復力が働くためにバランスが取れ、すべてに感謝すると、意識が変わっていきます。生きようとする力に感謝します。

そして何か不足があり不自由だとしても、少しでも歩けることに感謝の気持ちが湧いてきて、今ある体に感謝できる自分に変わっていきます。

不調をクローズアップするのではなく
自分を俯瞰で捉えましょう。

病気がよくならない

健康のありがたみは病気になって初めてわかると、一般的によく言われます。

私自身、ヨガに出会ったきっかけは、60年以上前、16歳のときに吹き出物ができたことでした。吹き出物を治すために情報を探していたら、色々な民間療法、玄米菜食、整体やヨガの本などに出会い、それらを行っていきました。また、当時は高校生でしたから、勉強に集中することで「吹き出物を気にする心」から離れられ、吹き出物がよくなったという兆しを感じました。さらに総合的な学びと体験を大学時代にしていきました。成人した後、少しヨガを離れた時期に結核になり、それで1年間入院したことなどをきっかけに、人の上に立つには、何でも知らなければと再び本格的にヨガや周辺の癒やし、すべての必要な健康法を行い、ヨガの指導者になっていきました。またヨガが単なる健康法でなく、「神に出会う悟りのための修行」であることを学び、悟りへのあこがれを持つようになったのです。「肉体の中にある神秘的なパワーで体や心のバランスを整え心身を浄化して神に出会う」という教えをより深く学びたいと思うようになりました。そして、ついにヒマラヤ聖者に出会い、ヒマラヤ秘境に苦行に出かけ、最高の教え、悟りへの道を7年歩み、究極のサマディを成就したのです。さらには人のために、そして人々を真理で救うために、これを伝えることが使命であると、そのための活動をして紆余曲折あり、今に至るわけですが、すべては数珠のようにつながり、悟りに導かれたとしみじみ感じています。

原因があって結果がある。カルマの法則といいます。これがすべてです。

何かが生じるとき、そこには必ず原因があります。私がヒマラヤ大聖者となったのは、吹き出物というきっかけ、つまり「原因」があったからこそ。それが後に大いなる知恵を与えてくれる「結果」となったのです。私はこのプロセスで長い時間がかかりましたが。

ヒマラヤ聖者との出会いは源のパワーのシェアから始まるのです。それはすべてを明らかにする力があるのです。この本でも源の力はあるがままの自分であることをお伝えしています。それは源からの、あなたの元々の完全なる本質です。そこに出会って、すべてを癒やす、あるいはそこに向かうプロセスなのです。

病気がよくならず、悩んでいる方は多いです。

私の元を訪れたアトピーに長年悩んでいた方は、色々な病院を巡り、刺激を避け、食事や清潔など、あらゆることに気をつけていたのですが、なかなかよくならず絶望していました。

ヒマラヤ秘教としては、こう考えます。

アトピーは、あくまでも結果である。物事にはすべて、原因があって結果がある。だから、アトピーを起こしている原因は何だろうかと。しかし現代医学では原因がわからないといいますし、治療法もない。炎症を起こす環境を避けたり、それを除けたり、炎症を鎮めるという対症療法しかないのです。

また現代は食べ物が不自然で添加物が入り内臓が疲れたり、ストレスが多く、心も欲望で忙しく休まりません。その結果、神経が摩耗し、細胞も混乱していろいろな病気に対して免疫力が低下しています。ヒマラヤの教えの実践は心身を純粋にしてあるがままの自分になり、あるがままの自分の源からの免疫力で根本の癒やしが起きるのです。瞑想を行い深い休息で自然治癒力を高めるものです。

体と心は因縁の法則に従っています。ですから良い結果を出すには、良い行為をしていくのです。

ほとんどの病気は体のアンバランスとエネルギーの過不足であり、エゴを肥大し、不安と恐れで神経を使いすぎて起きるのです。

また両親の価値観、競争社会での葛藤がトラウマとなっているのかもしれません。

ヒマラヤ聖者のサマディからのパワーは源からのパワーであり、アヌグラハ（神の祝福）の恩恵となり、あなたを変容させ根本からよくします。創造の源からの生命エネルギーと愛と智慧は圧倒的なパワーで癒やすことができます。それらはヒマラヤ聖者から秘法をいただき修行をして、信頼と神に、素直になることで根本から癒やされていくのです。

環境や心と体がカルマによって長い間に翻弄され生命エネルギーが消耗して病気になったり、心身に歪みが生じたりするのは当然です。あれこれを試し悩むのはますます悪化させるだけです。心配することで治そうとする行為が、まさに無駄なエネルギーの消費です。今の悪い状況に、見えない神秘の力が働くためには、こだわらず悩まず、その状態をまず受け入れたうえで、見えない神秘の力、つまり神とつながることがカギです。そして信頼して待ち、病気によって学びを得ることで、病気を自分が成長するためのチャンスに変えることができるのです。

治したい一心でマインドを働かせすぎると、
かえってエネルギーを消耗してしまいます。
気持ちを切り替えて学びを得ましょう。

容姿に自信が持てない

ある人は、次のような悩みを打ち明けてくれました。

「幼い頃から、綺麗な姉と、可愛い弟と比較されていて、両親から『あなたは可愛くない』と冗談で言われていました。『私は可愛くない。だから、これをしたらおかしい』と強く思い、自分から何も表現できなくなりました。

大人になって大失恋をしたとき、『可愛くないから愛されない』という思い込みの方程式ができ上がりました。それから、死にものぐるいで美容に励みましたが、心身が不安定になり、拒食症や過食症を繰り返しました。見かけの美しさを手に入れても、やってくる男性は本当に変な人が多く、傷つくことが多かったです」

このように「AだからBだ」と強い思いで信じる人がいます。小さいときからの嫌な体験で強い思い込みのパターンを持ち、それがその人のキャラクターを作り上げているのです。そして簡単にはその思い込みから脱することができません。

まず、今ここでアドバイスできることとしては、こうした悩みのある人は行為を変えると良いということです。何か自分の好きなこと、人が喜ぶことを誠実に一生懸命行います。周りの人々に感謝し、自分を愛します。外見など人にどう思われるかは脇において無心になります。そうすれば、あなたは内側から変わり始めます。

もしチャンスがあるなら、ヒマラヤ大聖者の波動の瞑想秘法の伝授をいただき、そこにつながって修行をしていきます。すると次第に、自分の思い込みが外れ、平和で理解と愛のある人に生まれ変わっていくのです。

好きなことや人が喜ぶことにエネルギーを使いましょう。内側が変容し、コンプレックスが溶けていきます。

老いるのが怖い

容姿が衰え老化することをことさら恐れていた女性は、ありとあらゆる情報を集め、それを試していました。きれいになるための労力とプロセスは大変なものであり、そのわりに効果がないと嘆き、うんざりしていました。

成功や成長を得るのも同じです。色々模索して探しあぐねることでしょう。そんなに簡単に自分は変えられません。人には今まで生きてきてカルマの記憶からできた宿命があり、運命があります。ずっと変わらず伝えられ続けるものがあります。そして外側からの刺激も一時的な効果です。

そうした中でヒマラヤの聖者は内側から神秘の力を引き出し、若返る秘法を発見しました。さらには最高の人間になる究極のサマディ、究極の意識になり、死を超えて永遠の命をいただく道を発見されたのです。つまり不動の心になり、ストレスを受けない人になるのです。

ヒマラヤ秘教は「アンチエイジングの秘法」を発見しました。誰もが若く健康でいたい、不老不死でいたいというあこがれがあります。それが可能になるその仕組みを簡単に説明すると、「『今』にいる。だから歳を取らない」ということです。

近年、瞑想やマインドフルネスが大流行したのも、複雑な現代社会で心が疲弊してストレス過多になる人が多く、時空を超える古来のこの秘法が見直されたためです。

しかし、ヒマラヤ秘教は単に今にいるということではなく、心身を浄化して心を超えて宇宙の源に還り、すべてを知るという悟りへの道であり、究極の今を実現して神聖な人になるということです。

世の中で生きると、常にストレスがたまり、歳を重ねるとともに老け込んでしまうでしょう。例えば責任ある社長さんやリーダーの方は、計画したり、管理したりと常に悩みが伴います。会社の経営状態、負債のことなど、神経をすり減らして生命エネルギーを大量に消費しているでしょう。心身ともに疲弊してしまうのです。

また個人のレベルでも、老いるのが怖くてやたらと筋トレをしたり、スキンケアに躍起になるなど、心の欲望を増やし動き続け、とらわれが強くなります。

また気分転換のため趣味の旅行やゲームをしても、方向が変わっただけで心を使い続けることになります。このように心は常に働き、どんどん歳を取っていきます。そうした心をストップさせて浄めるのが、悟りのエネルギーを持つヒマラヤ聖者です。それは祝福をいただく一撃です。最も自然にかつ早く心が平和になり、老化を食い止めるのです。本来不可能である「今にいる」という境地は、ヒマラヤ大聖者・シッダーマスターとの出会いですぐに可能になるのです。

しかし今、あなたに何が必要かといいますと、色々悩んだり行動したりせず、言い訳をしたり、何かせねばならないと躍起にならないで、今の大変な状況をそのまま受け入れることです。すべてに折り目がついたまま、オッケーを出します。

ストレスのある、そのままの自分を愛します。今までの自分は、間違ったやり方しか知らなかったのです。理解します。周りにもお詫びをしましょう。意識を進化させます。それはディクシャでの悟りのエネルギーとヒマラヤシッダー瞑想の伝授を受けての実践です。今を生き、未来に希望を持てるでしょう。

過去を赦し、今を受け入れ、
自分を成熟させていきましょう。

3 章

「人生の悩み」を浄化する

ヒマラヤ大聖者からのメッセージ

デコボコな自分を愛しましょう

富、名声、才能。

美しい顔。

健康な肉体。

人はみな、これらを欲します。

「持っている人はすごい」

「持っていない自分は不完全」

そんなふうに思って、悩み苦しんでいるかもしれません。


けれども、今こそ新しい生き方の練習をしていくときです。

気にする心
心配する心
恥ずかしがる心
羨ましがる心
頑張りすぎる心
それらをすべて外していきます。
不足があるデコボコな自分を
認め、気づき、愛します。
頑張りすぎずにリラックスして、今あること、
今やるべきことに集中していきます。
そうすれば、あなたの悩みは少しずつ溶けていき、
人生が生きやすくなるでしょう。
それぞれが美しいのです。

やりたいことがわからない

ある人は、やりたいことがわからない自分を嫌っていました。自分は何もできず、失敗が多いと。自己評価が低く自信がないのです。そんな中で唯一の楽しみは、給料が出たときにたくさん買い物をすること。けれども、物を買ったときは満足しても、結局それを使わず処分することが多かったそうです。

やりたいことがわからなくて行き場のない思いを買い物をすることで発散していたのでしょう。このように、「やりたいことがわからない」という人は多いです。

働いて給料をいただいていても、「これは自分が本当にやりたいことなのか」「本当にやりたいことは何だろう」と悩みます。でも何か仕事をしていることは世の中の役に立っています。その事実を認め、自分を褒めましょう。目の前のことに一生懸命、誠実に感謝して取り組みます。「これができた。じゃあ、次は何をやろう」というふうに。自分を認めて前に進んでいくと、見える景色も変わってきます。

人は、自分を生かしている本当の自分、あるがままの自分を知りません。それを悟ることが人生の真の目的です。最高の人間になっていくという真理の道です。今何もなくて身軽な分、足取りはきっと軽やかで、人生の目的に向かうことで、源からの恩恵をいただき、人生を充実させていくことができるのです。

そのプロセスで、過去の挫折した体験は浄化されて生まれ変われるのです。そして、何でもできる力を得るのです。無駄なことは何一つありません。自分を信じて、一歩ずつ進んでいきましょう。

大丈夫。無駄なことは何一つありません。
目の前のことに感謝して取り組んでいきましょう。

仕事のことが頭から離れない

あれをやらなければならない、これもやらなければならない……。やるべきことが多すぎて疲れ果てている人もいるでしょう。ある人は、「いつも朝から疲れていた」と言っていました。仕事のことが頭から離れず、朝目覚めると「今日はあれをしなければならない。なるべくたくさんのことを効率的にこなそう」と先の計画を布団の中で立てていたそう。それと同時に「昨日はあんなことがあった」など、反省や嫌な気持ちも同時に頭に浮かぶため、朝からぐったりしていたと言うのです。

ワーカホリックという言葉が以前流行りましたが、そうやって心が仕事のことに執着していると、「～しなければならない」という思いが無意識に心に渦巻き、緊張と不安に駆られてエネルギーも消耗してしまうのです。

ともかく仕事のことを心から一旦外すことが大切です。具体的には、紙に書き出してみるとよいでしょう。やるべきことを紙にアウトプットすれば、思考が整理されて、混乱することなく物理的に心から引き離すことができます。

ちなみに、私はメモ帳を持っていません。常に今にいてリラックスしているので、混乱しないのです。頭の中は空っぽで今にいます。しかし必要なときに必要な考えが湧いてきます。だから、物理的なものには何も頼りません。

一応、やることはけっこうあります。この原稿もそうですし、雑誌社から依頼されたコラムの原稿もあります。けれども、心と情報が完全に切り離されていますので、それに支配されることはありません。携わること、一瞬一瞬を楽しんでいます。

やるべきことを紙に書き出すと
心がスッキリします。

人間関係や職場に恵まれず、いつもうまくいかない

優しい人に囲まれて、やりがいがあって、お給料もいい。そんな職場があれば最高です。でもどんな職場も完璧ではないし、そこに合わない人はいます。大変なこともやり、特別なスキルがないと、お給料も多くはいただけないものでしょう。合わない場所で耐え忍ぶのではなく、職場を替えたりして前に進もうという考えもあります。しかし、うまくいかない原因をずっと他人や環境のせいにしても、何も解決しません。

つまり、自分も決して完全ではないのに、他人や職場にばかり完全性を求めるのはおかしいということです。人間は完全ではないからこそ、この世に生を受けて修行するチャンスをいただいています。ですから、未熟な自分を責めたり、あるいは

他人や環境を厳しくジャッジするばかりでは、何も変わりません。

まず、今の状態のあるがままを受け入れます。そして気づきを持って成長の機会にしていきます。

他人のアラが目につく人というのは、自分自身のことが見えていません。人をジャッジして不平不満を溜めこむのではなく、自分をもっと見つめてみましょう。そして、愛と感謝を出していきましょう。あなたの奥深くにある純粋で愛とパワーと叡智に満ちた存在があるがままの自分です。その力を引き出すことで、あなたの運命や宿命が変わり幸せになっていけるのです。そのために今までの生き方を捨てて、正しい良い行為をしていくのです。

他人のアラが目につく人は、自分自身のことが見えていません。他人をジャッジするのではなく、愛と感謝を出していきましょう。

人付き合いが苦手

人付き合いが苦手だという人は多いです。私の元にも「人との距離感がうまく取れない」「大人数だとうまくしゃべれなくなる」「話の中心になれるような人が羨ましい」など、人とどうやって付き合っていけばいいのか悩んでいる方が訪れます。

そういう人は自分に自信がなかったり、人に好かれたいというマインドが強かったりするのかもしれません。

大切なのは、人に依存しないということです。「その人に好かれたい」と思うのは、その人に依存していることになります。あなたを見て人がどう思うかはその人の自由です。相手の心を無理に変えることはできません。

あなたは、ただ、今の状況を手を加えずに受け入れて、誠実に目の前のことをやっていけばいいのです。そして、相手も含めて周りが喜ぶことを無欲でやっていくことです。あなたが変わることで相手も変わっていきます。ヒマラヤ瞑想秘法を実践することで、あるがままの自分に向かい、そのクオリティである愛とパワーと知恵が引き出せます。それをもって生きるとあなたの願いが叶い、すべてが楽にできてきます。

自分を愛して尊敬し、今の自分を受け入れます。そして自分を信じ、揺れない人を目指します。周りに気を使うのではなく、自分の奥深くの本当のあるがままの自分を尊敬します。相手は依存の対象ではなく、学びをいただける対象です。相手を尊敬します。そうなれば、人間関係にまつわるとらわれからも解放されるでしょう。

あなたをどう思うかは相手の自由です。
相手に依存するのをやめると楽になります。

子供に自分の理想を押し付けてしまう

ある人は、母親や子供に完璧を求めてしまう自分に悩んでいました。当時の彼女の言葉を紹介します。

「母から自分のことは棚に上げて父のことを悪く言うのを聞かされるたびに、母を許せない、大嫌い、もう会いたくない、などと思ってしまう自分が嫌で苦しんでいました。子供にも自分の理想を押し付けて子育てしてしていたと思います。どんなに後悔してもしきれません」

お腹を痛めて産んだ自分の子ですから、理想を追い求めてしまう気持ちはわかります。けれども、理想が高いほど、子供がミステイクをするとすごく腹が立つのではないでしょうか。

人は自分が出している、責めるエネルギーが見えていません。自分の思いこみの価値観の心と一体となり、客観的に自分を捉えることができないのです。子供は親の鏡です。親の良い部分も悪い部分も投影されています。子供に対して怒ったりすると、それを子供が受け取って染まり、子供も不調和になり、また不調和に見えます。自分の影響を受けた子供をそのまま受け入れて、愛していきましょう。子供を変えるのではなく、自分を変えることで子供が変わるのです。自分を変えるというのは、表面的に優しくしてもそれは演技であり、自分が疲れ、相手も疲れ、双方変わらないのです。あるがままの素直な自分から発信した愛を持って対応していきましょう。相手に期待せず、あるがままを受け入れ、相手のいいところを見つけてほめてあげましょう。自分を変えるという意識を高め、気づいていくことが必要です。

子供は親の内面を映し出す鏡のようなもの。
子供に理想を求めるのではなく、
自分を変えていきましょう。

人生の勝ち組になりたい

自分の才能を伸ばして、仕事で成功して、お金持ちになれたとしたら、それはすごいことです。世間一般で言う「勝ち組」ということになるでしょう。

ですが、「勝ち組」とは比較の言葉で、差別が連想され良いとは思いません。ヒマラヤ秘教は「誰かを蹴落として勝つ」というような成功の道は説いていません。

結局、ビジネスで大成功を得るビッグな人は、欲の心で勝つのではないのです。

ただお金持ちになりたいという、自分都合の思いで動いている間は、成功していない人が多いのではないでしょうか？　小金持ちにはなれても、大金持ちにはなれません。生まれもって人を助ける、与えるという性格の人がいます。そうした人になるための修行がヒマラヤ秘教の実践です。悟りの存在からの祝福をいただき、その力で自分の内側を目覚めさせ整え、源のあるがままの自分からの力を得ます。それは慈愛であり、突き進むパワーであり、すべてを理解する知恵です。そうした力を得て成功する人になれるのです。他を生かすように、心身を正しく使います。

そうした才能を利己的なことに使うのではなく、人のお役に立つことに使っていきます。

今、あなたが成功するために常に愛を持ち、尊敬する心とみんなの幸せを願う慈愛を持って生きていきます。それらの行為で内側が純粋になり、知恵が湧き、社会でするべきことがわかるようになって、自然体で生きられるのです。その結果、お金や人望も集まってくるのです。

自分が持っている能力を人のために
使えるようになったとき、成功への扉が開きます。

自分らしさがわからない

子供のときから容姿などが気になり悩み、利口で明るい人間を演じるものの、できないと失望し、そんなことを繰り返していったという方がいました。そんな中で子育てが苦しく、それが終わっても自分が幽霊のようになり苦しいので、自分を変えようと、自己啓発やスピリチュアルのありとあらゆるセミナーに十何年間にわたって参加したそうです。しかし、それらは暗示であったり、理屈だけのものが多く、さらに混乱し疲れ果てていったそう。そんなとき、私の本に出会って楽になったそうです。そして、修行をすることで今までの枝葉の知識が、一つの数珠のようにつながって解明されていったのです。真理からの祝福だからです。今まで自己防衛で、厚い鎧をつけて演じていた仮面の自分が外れるのです。

あなたは、枝葉の教えではなく、源からの智慧とパワーで自分の未知の力を信じ、仮面をかぶらず、自分の素直な気持ちを出していくことが大切です。もちろん、相手を傷つけないように。修行をすると、そういうことが自然にできるようになっていきます。

「そんなに上手にできない」という人は日記を書きましょう。例えば、上司に理不尽な叱責をされた日には、そのとき思ったことをありのまま書いてみてください。いい人を演じる必要はありません。誰に見せるものでもありません。日記を書くことで、自分の素直な気持ちを知り、少しずつ自分らしさを育んでいきましょう。

日記を書いて本当の感情をアウトプットする練習をしていきましょう。

子供の世話を焼いてしまい、見守ることができない

「怪我や失敗をしないだろうか」「こんなところで騒いで、しつけがなってないと思われないだろうか」。子育てをしていると、子供のことを心配したり、人目が気になったりすることが多いでしょう。私の元を訪れたお母さんも、保育士さんから発達障害があるのではないかと指摘されたことがきっかけで、お子さんの言動が気になって気になって、時には手を上げてしまうこともあったそうです。

けれども今では、ヒマラヤシッダー瞑想をして「見守れるようになった」と言っています。

「見守る」というのは、簡単なようで難しいことです。世話を焼くのか、信頼して少し放っておくのか？　状況によって正解は変わってくるでしょう。

大前提としては、間違っている場合は、愛を持って注意します。熱いものに触れて火傷をしそうだとか、自分や他人を傷つける恐れがあるときは、道徳的なことも含めて愛を持って、相手の立場に立って思いやる教え方ができるといいのではないでしょうか。

実は、親子というのはカルマで強く結びついています。過去生で受けた恩をお返しするために、今生で再び出会いました。子供には、過去生でお世話になり、今生で子育てでよいカルマを通して浄化して進化するための恩を返すチャンスを与えていただいたのです。宇宙の法則として、過去生と今生でエネルギーを与え合うことで、バランスを取ろうとしているのです。

ですから、感謝して、恩を返していくつもりで子育てをしていきましょう。

「子供がかんしゃくを起こして、とても見守るなんてできない」という人の多くは、エネルギーが乱れています。お母さんがイライラしていると、子供もその影響を大いに受けます。反対に、お母さんが安定すると子供も安定するのです。

愛を持って子供を見つめ、あるときは許し、あるときは叱り、またあるときは大いに褒めましょう。またカルマのつながりは先祖とのつながりがあり、宿命が決まります。先祖の供養をして、縁を浄め御霊や魂を主体とした深い愛で、子供を見守っていくのです。

子供はあなたが過去生でお世話になった相手です。恩を返すつもりで子育てをしていきましょう。

過去の栄光にすがってしまう

良い大学を卒業し、大企業に就職して、バリバリ働いていた人がいました。けれども頑張りすぎたのか、体を壊してしまいました。そして、思うように働けなくなった現在と過去を比較して、「あの頃は良かった」と嘆きます。それと同時に、過去にすがる自分のことを「情けない」と責めます。

その人に伝えたいのは、過去にこだわり今を嘆く自分を責めないでほしいということ。それを含めた今の状況を受け入れるということ。過去に執着しないのです。

実際に素晴らしい過去であった。でも時は流れ、すべては変化するのです。良い思い出に感謝します。今は健康を害して、苦しい日々が続いているかもしれませんが、そこから学び、自分というものを見直し気づいていくのです。

栄光は真理ではないのです。必ず変化し、終わりがあります。その時代の価値観や環境に影響されて変化するものですから、永遠に続くことはないのです。自分の価値観で判断し行為をしてきたのですが、そこに限界が生じたのです。心には過去生からの記憶が蓄積し、設計図を作り宿命、運命となって人を翻弄しています。普通は変えられない運命、宿命を変えることができる人がサマディマスターです。

瞑想秘法で内側の設計図を変えて、運命と宿命を変え生まれ変わるのです。

あなたはそのままを受け入れます。つまずきのように思われることは、あなたを落ち込ませるためではなく、気づきを与えるために、さらなる飛躍のために与えられるテストだと考えます。何がバランスを崩し不調和になったのかに気づき、「学ばせていただいてありがとうございます」という気持ちで、自分を愛し、周りを尊敬し、調和を図っていくのです。正しい心身の使い方、正しいカルマを積んでいきます。

特に利己的な行動ではなく、利他の行為を進め、人を幸せにしていきます。やがてすべて調和が取れて、運命が良くなっていきます。

過去の栄光。

その繁栄は、すがるものでも、真理に導いてくれるものでもないのです。さらに進化するには、プロセスと理解して手放し、今を生きる学びとしてあなたの中にある。執着を手放し、否定的なことも含めてすべてに感謝し、今を生きていきます。

過去が輝いていた人ほど、
今を虚しく感じるかもしれません。
しかし、そこにこそ成長のタネがあるのです。

自分が嫌い

ある人の話です。「お前はブスだ」と、顔を見るたびに罵倒されていました。しょっちゅう「ブスだブスだ」と言われていたら、実際はそうでなくても、どんどん表情が暗くなっていくでしょうし、自信もなくしていくでしょう。

「そんな意地悪なことを言う人とは、関わらないほうがいい！」と思うでしょう。ところが、罵倒してくる相手というのは、実はその人自身だったのです。自分の容姿に自信が持てず、鏡を見るたびに「お前はブスだ」「肌も汚い」と、心の中でずっと悪口を言っていたのでした。

世の中には、目に見えるもので優劣をつける風潮があります。顔が綺麗なほうがいい。痩せているほうがいい。男性は背が高いほうがいい。かっこいい車に乗っているほうがいい。大きな会社で働いているほうがいい。

そういう世間の価値観に染まって、それに当てはまらない自分を嫌い、痛めつけている人もいるでしょう。けれども、それは表面的な世間の価値観であって、本質ではありません。外側を磨くのではなく、自分の内側を磨くこと、精神を浄め純粋になることが大事だという真理を知らない人が多すぎます。


一度こびりついた価値観を溶かして、真理の道へと進むためには、何かに依存するのではなくしっかり自分を信じて、自信を持つことが大切です。

自信というのは「自分を信じる」と書きます。自分ができることに、そして与えられているものに目を向けて、認め、感謝したり、褒めましょう。例えば、この本を多くの本の中から直感で手に取り読めている良縁に感謝。見えること、読めることに感謝です。最近はオーディオブックもありますね。この本を聞く人もいます。聞こえる。手でいろいろ作れる。足で歩けることに、好きなところに行けることに、それらに感謝です。

あなたには素晴らしい能力が備わり生かされているのです。

世の中の価値観というのは、基本的には正しさを教えていると思います。けれども、逆にその価値観に縛られて「〜ねばならない」というふうに翻弄されて、心のレベルの正しさで染め上げられてしまうと、それは心を洗脳することになります。「いい人になりましょう」と洗脳する。もちろん、「いい人になる」こと自体は素晴らしいことです。本書でも同様のことを説いています。

けれども、そのような洗脳とヒマラヤ秘教の大きな違いは、「心にとらわれるか否か」にあります。

洗脳というのは、「そう言われているからそうする」ということ。全員が同じようなキャラクターに染め上げられるということ。決して、自分の深いところから自然に行動していくことではありません。

そうやって洗脳が広がると、あちらの教えとこちらの教えで争いが始まることがあります。「私の神様が正しい。あなたもその通りにしなさい」となるわけです。

それに対してヒマラヤ秘教というのは、染めるのではなく、心のとらわれを手放す教えです。心から自由になりましょうという教え。なぜなら悟りのマスターが純粋なエネルギーをシェアできて、それが実際にあるからできるのです。心は道具であり、人間の主体は魂にあるという教えです。揺れ動く心に翻弄されず、とらわれず、自分の奥深くにある本質を信じてつながるということです。さらに本質になっていき悟るのです。

この本を読んでいるだけでも、あなたはすでに真理の道に立っています。ヒマラヤ大聖者である私からのエネルギーが、一文字一文字から放たれ、あなたの魂に届いています。心の曇りを取り、自分を信じて、魂の輝きを取り戻しましょう。

自分を信じて自信を持ちましょう。
あなたには素晴らしい能力が備わっています。

終章

あるがままの自分になる

ヒマラヤ大聖者からのメッセージ

仮面をかぶり続ける人生に意味はない

あるがままの自分は、自己防衛をしません。
純粋で輝いています。
けれども、多くの人はそれに気づけないのです。
心が傷つかないようにそのつど自己防衛を重ねていきます。
傷つかないように鎧をまといます。
いい人や強い人の仮面をつけて演じています。
そこには気づきがありません。
それればかりか、鎧をまとった人を変な人だとジャッジします。
自分のことは見えないから、相手に変わってほしいと願います。

そして争いが生まれます。

どうすればいいのでしょう。

「逃げる」

「立ち向かう」

「自分を変える」

この本を読んでいるあなたならわかるはず。
逃げて仮面をかぶり続けても、人としての成長はありません。
立ち向かって争うと、わだかまりが増えます。
ですから、自分を愛し、相手を愛し、愛をシェアしていきましょう。
自分を変えていきましょう。
あるがままの自分になる。
そういう生き方があるのです。

受け入れる

現状を受け入れましょう。理想の自分ではないからといって、自分を愛さないというのではなく、そういう自分も含めて今の自分を受け入れます。

あなたはこれまで、一生懸命生きてきたことでしょう。悔しさも、怒りも、悲しみも、たくさん味わってきました。

真理の道を知らなかったときのあなたは、まるで大海原を漂う小舟のようです。波が押し寄せるたび小舟は大きく揺れます。オールもありません。手で必死にこぐしかありません。しかも、目的地がどこにあるのかわかりません。どうすればいいかわからないまま、がむしゃらに手を動かすしか努力のしようがありませんでした。

けれども、あなたはこの本を通じて真理の道を知りました。

あるがままの自分、つまり源の純粋な存在に還っていくという真理の道です。

自分＝心だと思っていたけれども、心は波のように自由気ままで、行き先は、過去へ、未来へと揺れ、あなたを翻弄します。心は変化し、あなたを支える存在ではないのです。

錨《いかり》を手に入れるのです。環境に振り回されない、自分の中心となるものです。

まずは現状を受け入れます。そこには気づきがあり、見えていなかった自分、隠していた自分に気づきます。自己防衛ではりつけた鎧や仮面の存在に気づきます。演じていた自分に気づきましょう。

ダメな自分をそのまま丸ごと受け入れます。攻撃しないし、守らないし、逃げません。いいわけをしない。ジャッジしません。

心は今にあり、心を使いません。よくしようと動かしたり、努力しようとしたり、反省して落ち込んだりと心を働かせません。何かしようとすると、そこに緊張が生まれ、新しい何かがくっついてしまうからです。ただ見て手放していくのです。

例えば、自分の悪いところに気づいたとします。優しい人の仮面をかぶっていたけれども、実は意外と冷たい人間だと気づいたとしましょう。

そうしたら「あぁ、自分にはちょっと冷たいところがあるんだなぁ」。そう思うだけでいいのです。気づくというのは成長です。気づかないのは無知というのです。気づくだけでいいのです。すると、「それはただの開き直りでは？」と思う人もいるでしょう。「これが私なんだ。ちょっと冷たい自分も私なんだ」と、そのままを受け入れると、たしかに、それでは何も変わらないと不安に思うかもしれません。

直そうとして、いい人を演じても、あるいはそれを認めず、私はいい人だ、私はクールではないと思うと、そこにストレスが発生するのです。それらは自分を受け入れない葛藤のエゴです。そのことで嘘で固めても、狡猾になるかもしれない。これで相手を騙せたと感じて、かえって悪い人になるかもしれない。

ですからそこに気づいて、自然と整うのを待つといいのです。さらに積極的に心を超えたレベルのサマディマスターのガイドで、あるがままの自分、純粋な自分になる修行によって積極的に整えられ、自然に自己防衛が溶かされ、無限の愛がわいて、より良い人格の人に成長することができるでしょう。心を外し意識を覚醒していくプロセスです。

これは、かさぶたにたとえるとわかりやすいかもしれません。

怪我をして、出血して傷ができたとき。肉体はそれを治すために自然治癒力を発揮してかさぶたができて、やがて剝がれて、新しい皮膚が作られます。ところが、早く治そうとして傷口に薬をつけたり、絆創膏《ばんそうこう》を貼ったり、取ったり、かさぶたをはいだりして、いじりすぎると痕が残ってしまって以前より状態が悪化することもあるでしょう。人間の内面もそれと同じです。自然の法則にのっとって、そのままにしておけば自然と整っていくものなのです。さらにアヌグラハという悟りのマスターの修行は心を外す修行なので、それを積極的に行うことで、気づきが深まり、バランスが取れるのです。

気づくことは成長です。
だから、気づいたら放っておきます。
それが自分を進化させることにつながるのです。

マインドを使わない

ヒマラヤ秘教では、心の奴隷にならないことを説いています。

ヒマラヤの聖者はすべてを捨てて山に入り、苦行をして真理を悟りました。自分の内側に入り究極に何があるのかという真理を悟るために、情報をすべてシャットアウトし、内側の心を浄化して変容させていくのです。

心を浄化して内側へ深く入っていきます。外側からの刺激に反応しません。ノーマインドです。そこにあるのは、お母さんの子宮の中にいるような絶対的な安らぎです。

それに対して、マインドを使うというのは、外側の出来事に反応することです。例えば、誰かが何かいいものを手に入れたことを羨ましがったり、誰かの心ない言葉でプライドが傷つけられたと感じて、怒りがこみ上げたりするかもしれません。

それにもかかわらず、平静を装ったり、いい人を演じて作り笑いを浮かべたりします。仮面をかぶります。その結果、純粋で魂が輝いているあるがままの自分を、どんどん自己防衛で覆い隠していくことになるのです。

気晴らしにジョギングをしたり、お酒を飲んだりするかもしれません。一時的には解放されたとしても後に疲労が襲ってきます。そして心の癖が付きます。何かに反応すると、また心を使う癖が付きます。

心の働きをなくすために、心を知り、それを超えて真理を悟るのです。

心のリアクションの種になる記憶を浄化して、マインドを平和にします。

外に向く心とエネルギーを内側に向け、心を浄化し進化させて、理解と愛を育みます。すると「ああ、この人はそうなんだ」と受け流すことができます。

人間だけが神様から心をいただき、便利なものを考案し、作ってきました。車や飛行機を作り、さらには宇宙へ行きたいとロケットを作りました。

心は、不足に気づくことに長けています。足りない部分に目を光らせて、次から次へと物を作ります。

心はそれを一時的に楽しいと感じ、その瞬間は満足します。

けれども、人生につまずいたとき、例えば病気になったときに、「このままでいいのか」「死ぬときは何も持っていけない」と戸惑います。

そして、命の働きに目を向けて、自分を本質的に満たしてくれるものは何なのかと考え始めます。

今まで愛や生命エネルギーをないがしろにして、無駄なものを作りすぎたり、不必要なものをかき集めていないでしょうか。

人間は源から送られて、この世にやってきました。

「あるがまま＝ゼロ」だったところに、肯定や否定の心をはりつけて、団子のようになって、その中で無理やりバランスを取っています。

ですから、ポジティブならいいのかというと、決してそうではありません。ポジティブな心をずっと使い続けていると、逆に鬱になることもあるでしょう。極端すぎてアンバランスなのです。良い心も消耗し、エネルギーが枯渇するのです。

ですから、マインドを使いません。中庸という平和な使い方、生き方です。源の存在を信じて安らいで、そこからパワーをいただいて、愛をいただいて、叡智をいただき、無限の泉を湧き上がらせるのです。

私はみなさんが、修行を通してそのための回路を構築するのを助けています。

外側からの刺激に反応しないようにしましょう。
そうすればエネルギーが溜まっていきます。

心のマスターになる

マインドを使わないということは、心が平和になり、疲れないのです。心につながらず、心に振り回されるのではなく、心を超えて、心が本当の自分ではないことを悟るのです。あるがままの自分が、心のマスターであるのです。

心には記憶があり、それが欲望となって自分が幸せになるために奔走します。不足しているものがあると、それを手に入れようと躍起になります。誰かが自分と違うものを持っていると羨ましがって、それを欲しいと願います。また自分の好きなことをして、結果を出して、人に評価されて心が満たされることもあります。色々な心の使い方があるわけです。

けれども、否定的な心も、あるいは「私はすごい」というおごりの心も、実はアンバランスです。ですから、調和を取ることが大切です。周りとどうつながり、コミュニケーションを取っていくかが大切なのです。

自分を生かしている存在を愛し、信じ、そことつながります。シッダーマスターのエネルギー伝授によって、高次元の存在とつながれば、俯瞰で自分を捉えられるようになります。心に振り回されず、心を使うときは正しく使えるようになります。心を愛や叡智から使うと、ストレスを受けないのです。心を超えたところにいて自他に対して愛を使うことで、エネルギーを消耗せず、常に楽に生きていくことができるのです。

心にコントロールされず、
心を超えた次元で愛を出していきましょう。

宇宙にサレンダーする

宇宙は見えない神秘の存在の力、つまり創造の源の力によって作り出されました。それを神と呼び、その力が私たちを生かしています。人はその見えない存在の神を信じません。

目に見えるものや耳から聞こえるものを信じて生きています。

けれども、宇宙の源、神秘の力は五感と心を超えたところにあります。

例えば、水が水蒸気になると、空気中にその分子が分散して見えないので、そこに水があることに気づきません。

音も、ラジオやテレビの電波はふだん空気中にそれがあることに気づきません。

この心身は宇宙と同じ構成要素でできていて、ヒマラヤ大聖者はこれを苦行で浄め、死を超えて究極のサマディで魂と一体になり、さらに神と一体になり、宇宙の源の力の存在を悟ったのです。

あるがままの自分を悟ったのです。

そして、そこからよみがえって戻ってきたのです。

私はヒマラヤ聖者のディクシャでエネルギー伝授をして、祝福を与えています。それによって、みなさんの心身を浄め、変容させて、才能を目覚めさせ、苦しみを取り除いて救っています。神と一体になったヒマラヤ大聖者・シッダーマスターを信じることで、源の力を引き出すことができます。シッダーマスターはあなたを神につなげる橋になっています。

クオリティは平和であり、愛に満ち、叡智に満ちています。神の力ですべてがよくなるのです。

あなたは神から創られた純粋な存在です。

あなたを振り回す、心は後からくっついたものです。人は心を自分と思い、心を信じ、心に翻弄されています。神を信じ、あるがままの自分を信じ、神にすべてをお任せすること、それを宇宙にサレンダーするといいます。するとエゴが外れ、神の力が働き、すべてが自然に整い、力を発揮でき、苦しみが外れ、幸福になるのです。そして、悟りに向かうのです。

人間は宇宙の源の力により生かされています。
すべてをお任せするつもりで委ねていきましょう。

無知を知る

人間は心にクリエイティブな力を授けられ、神のような力をいただいて、科学を発達させ、文化を築いてきました。例えば原子というものを分析して、核分裂のすごいパワーを発見して、生活に活かしてきました。水や火をどう活用したらいいか。水力発電、火力発電などで電気を作り、神様が創るエネルギーを模倣して、様々な物を生み出してきました。

肉体についても解剖をして内側を調べ、医学が発達しました。けれども、死んでしまったら肉体はもう動きません。なぜでしょう。そこには、肉体を動かしていた見えない存在があるからです。それを神といいます。

人間は、外側の物質的なことを分析し解明しましたが、すべてを創り出す存在については理解していません。人は自分の究極の存在について無知なのです。

ヒマラヤの聖者は、苦行と瞑想で内側の神秘の力を解明してきました。あなたの中を変える力を得て、あなたに祝福を与え、あるがままの自分への道を示しています。

何のために生まれてきたのかを知り、自分は誰なのか、真理の探究に進むように、自分を信じ、魂を信じ、永遠不滅の存在に出会っていきます。そして、愛ある人、平和の人、調和の人になっていくのです。

それが、人間が本当に成長するということであり、生きる目的です。

教科書に載っている知識よりも大切なことがあります。
それは、自分が何者であるかを知ることです。

良いものとつながる

ヒマラヤ秘教の教えは、真のヨガとも言えます。ヨガというと、ダイエットやヒーリングのイメージが強いかもしれませんが、ヨガの本来の意味は「結ぶ」ということで、結ばれて調和を得るということです。陰と陽や、プラスとマイナスの結合が調和し、新しいものが誕生します。神と結ばれることが最終目的です。

「あるがままの自分」は純粋な自分。源から現れ、源とつながり力強い存在です。人はその存在を忘れています。それは感じられないし、見えないからです。そして、過去生から心につながり、欲望に翻弄されています。

不足しているものを手に入れると幸せになれると、欲望を肥大させ、その心にコントロールされています。あるがままの自分、本質はそうした心の執着に覆われています。

しかし、ヒマラヤの聖者が発見しました。真の自分が楽になり、安心できる生き方をです。それは、その心の執着で覆われた本当の源、あるがままの自分に出会い、そこにつながることです。

それが真のヨガ、ヒマラヤ秘教です。

どのように修行するのか。どういうふうに精神統一をしたらいいのか。夢を実現させ、良いものを引き寄せるにはどうしたらいいのか。

源の自分に還るためにはどうすればいいのかを悟りました。

真のヨガは、心の科学、体の科学、魂の科学を網羅した実践的な教えです。ヒマラヤ秘教は、見えないところを浄化し、目覚めさせ、最高の人にするのです。

教えは自己との対峙です。自分の体と心を理解して、どうしたら静寂を得られるか。どうしたら宇宙的愛の人になれるか、実際の方法を発見したのです。

修行者は、色々な心のエネルギーを持っています。許したり、理解し、あるいは愛して調和をとり、カルマを焼いて、高次元のエネルギーをいただいて、純粋にしたりします。意識が進化して手放したり、悪いものを秘法で浄化したり、いらないものは手放すことを学びます。

そして、心を超えて源に向かい、究極の意識状態になっていく。意識を進化させて最高の人間になっていくことを目指します。

そのためにはまずヒマラヤ大聖者・シッダーマスターにディクシャというエネルギー伝授をいただき、カルマを浄めて、源へのルートを開いてもらいます。

さらに瞑想秘法をいただき、実践していきます。段階を追って、修行の秘法と祝福をいただいて行う修行です。そうして、悟りを目指していきます。

このように、ヨガは本来とても奥深いものなのです。

もともと人間は完成された状態であるにもかかわらず、色々な欲望によって心が染め上げられていきます。

それによって歪みが生じ、体を偏って使ったり、間違って使ったりして、その結果、体が悲鳴をあげて病気になったりするのです。

ですから、ヒマラヤ秘教では真理を説き、源の存在を信じて、そことつながることで根本的な解決を図ります。表面的な枝葉のところで癒やして、問題が解決しても、源からのエネルギーで再生されないと再び過ちを繰り返すのです。良いものとつながるというのは、日常生活においても言えることです。善行をすれば心が浄化されて、良い人や良い環境を引き寄せます。

それは自然の法則の一つです。

例えば雲は、同じような水滴同士が引き合うことで形をなしています。人も、同じような波動の人が集まります。良い人の周りには良い人が集まるし、悪い人の周りには悪い人が集まります。類は友を呼ぶということです。

悪い波動とつながらず、良い波動とつながりましょう。心をどこに結びつけるのかを考えましょう。

ヨガの本来の意味は「結ぶ」ということ。修行をして良い波動とつながります。

自分を愛する

自分を愛します。ナルシストの愛ではありません。深いところの「あるがままの自分」を愛します。

自分を愛せない人は、誰かを愛することもできません。自分の欠点にとらわれていると、それどころではないからです。人と愛を分かち合う気持ちになれません。

だから、心を超えたところにある、愛の回路を開きます。

自分は神様に愛されている。神の愛によってこの世に生まれて生かされています。いただいたこの命を、人を、真に幸せにするために、自分の真の成長のために使っていきます。

永遠の存在、神につながり、信じ、心を純粋にしていくことで無限の愛が湧いてきます。

その愛は自分の否定的なものをすべて溶かしていきます。純粋に綺麗になっていきます。自分を嫌っていたり、周りの人を嫌っていた否定的な思いが溶けていきます。大いなる愛が、鎧や仮面を一枚ずつ溶かしていくのです。

自分を愛し、揺れない心で、周りの人々にも慈愛を与えていくことで、愛のパイプがどんどん太くなっていきます。相手からも喜びが返ってくるので、喜びは増していきます。自分の慈愛の行為で誰かを幸せにすることができるというのは、とても幸せなことです。自分を愛し、そして周りに愛を捧げることで、自分もみんなも幸せになれるのです。

自分を愛し、愛の回路を開きましょう。
そこに、真の幸せがあります。

カルマを解消する

人は生まれ変わりを繰り返しています。輪廻転生です。

それはカルマを解消するためです。カルマというのは行為のこと。そして、行為の結果が心の奥に刻まれた、記憶の蓄積のことです。

良い行為も悪い行為も、その結果は心の奥深くに蓄積していきます。そして記憶は刺激されて欲望となり、行為をしてまた結果を作ります。これらのカルマの結果は蓄積して、さらに願いを実現したいと生まれ変わります。カルマのサイクルです。

カルマを解消するために、勇気を出したり、集中したり、実力をつけたりして、願いを叶えていくのは良いことです。つまり、無欲で良い行為を行うことで、カルマが解消されていくでしょう。

ただし、カルマの法則では良い行為をしたからすぐに良い結果が出るとは限りません。ですから良い行為をしたのに悪い結果が出たと、落ち込む必要はありません。功徳は、悪いカルマを解消し続けています。そのカルマの力が強いと、それを解消するには多くの良いエネルギーを注がなければなりません。気づきを持って、良いカルマを積み続けることで、悪いカルマが解消されていきます。良いことを続けていれば必ず、良い結果となるでしょう。

また、本人が良いカルマと思っていても、それがエゴの執着で繰り返されるなら、執着を終わらせるのが良いのです。気づきを持って愛を盛り込み、自他ともに幸せにしていくような進化した意識で向き合うことが大切です。

すぐに結果が出なくても、
良いことを続けていけば、必ず良いことが起きます。

知識を仕入れるばかりではなく、自ら体験する

「あるがままの自分」になるためには、自己防衛で身につけた鎧を溶かして浄化するプロセスが必要です。

自己防衛で身につけた鎧の中には、「知識」も含まれます。

もちろん向上心を持って勉強し、先人たちの知識を享受するのは素晴らしいことです。

けれども、本当に自分が体験的に気づいていないとしたら、それは死んだ借り物の知識に過ぎません。単なる屁理屈になり、自分をよく見せようとするための道具になってしまいます。

例えば、「親切な人とはどういう人ですか？」と聞かれたときに、あなたはどう説明するでしょうか。

困っている人を助けられる人。思いやりのある人。色々な解釈があるでしょう。実際に身をもって「親切な人」を理解している分には問題ありません。けれども、人から教わった情報を暗記しただけでは「借り物の知識」になります。自分の体験からの気づきではなく、借り物の知識でいい人になるのは、人によく思われたいからです。

借り物の知識は、他人の体験からの知識に過ぎません。自分自身で気づき、慈愛からの親切な人になることは、演じるのではなく捧げていく体験です。それらを通してさらに悟りに向かうのです。

知識というのは他人の体験に過ぎません。
自ら体験することで気づいていきます。

「いい人」ではなく「純粋な人」になる

この本を読み進めてきたあなたは、真理に触れ、良い行為をすることで心を浄化する大切さがわかったと思います。ですから、「いい人になろう」と意気込んでいるかもしれません。

その思いは素晴らしいことです。しかし、本当は難しいことなのです。いい人になろうと思って、変に親切にすると、そこに付けこまれることがあるからです。いい人を演じていることが相手に伝わり、「本当は怖がっているんだな」「利用してやろう」と悪い思いを引き起こす恐れもあります。相手があなたの親切に依存してくるかもしれません。

ですから、心を浄化して純粋な人になり、悪いものを引き寄せないようにすることが大切です。

本当に純粋な存在は汚しようがありません。相手の悪い心を引き出すこともありません。相手によく思われたいというエゴの親切ではなく、愛から親切を差し出していくのです。

心を超えたところからの愛、つまり純粋な愛、見返りを求めない愛、その人の成長を願う愛から親切にするのです。そうではないものは、押し付けになったり、うるさがられたりすることでしょう。その人の価値観、染め上げられた心、演技で行っているからです。

ですから、いい人ではなく、純粋な人になれるように修行することが大切なのです。

相手によく思われたいというエゴの親切ではなく、
愛から親切を差し出していくのです。

見返りを求めない

道を譲ったり、席を譲ったり、ちょっといいことをしたのに当たり前のように受け止められると、少し残念な気持ちになることがあるかもしれません。

感謝してほしかったわけではないけれど、かといって、当然のように受け止められるのは納得がいかない。損したような気がする。自分のカルマが浄まるまでは、そういう気持ちになることもあるでしょう。

過去生と今生の行為の結果の記憶の蓄積であるカルマは、次の行為の種となり、心の中で控えています。そして、機が熟したり、何らかの刺激を受けたりしたときに芽吹いて、行動のカルマが生まれ、出来事が起こります。

つまり、出来事はカルマによって引き起こされているということ。すべての出来事には必ず原因と結果があるということです。これをカルマの法則と言います。

人はこれらの膨大なカルマに翻弄されています。カルマは原因と結果を強力に引き寄せます。ですから、良い行いをすれば良いカルマの種がまかれて、いずれ良い出来事が起こります。反対に、悪い行いをすれば悪いカルマの種がまかれて、悪い出来事が起こります。

それを踏まえると、冒頭でお話しした、ちょっといいことをしたのに感謝されなかったという出来事も、原因と結果の法則によって必然的に起こっていることだと言えます。過去のカルマによって少し不愉快な結果が引き起こされたのかもしれません。しかし、今回の良い行いによりカルマの一部は解消しているのです。それと同時に、良いカルマの種を新たにまくことができました。

ですから、たとえ相手に感謝されなかったとしても、あなたが良い行いをしたことは間違いありません。それはいずれ自分に返ってきます。あなたのエネルギーが良いものを出したということで、感謝されようが感謝されまいが、ちゃんと功徳を積んでいるのです。

そういう考えのもとで、善行を積んでいきましょう。もっともっと人に親切にしたり、優しい言葉をかけたり。見返りを求めないで無償の愛で行っていきましょう。

仕事も、評価を期待しないで無償の愛で行うといい結果が出ます。

何事も、人によく思われたいために行うのではなく、自分の真の成長のために行うのです。真の成長とは、あるがままの自分に出会うことです。見返りを求めない行為は捧げる行為です。高次元の存在に無償の愛を捧げていくと最高の功徳となって、大きな執着が取れて幸せに輝きます。

他人にあるがままに出会って、真の成長につながる、善なる愛の行為をしていくことが自分を悟りに向かわせていくのです。慈愛の人になっていくのです。あなたは無償の愛を形にして、神に捧げていくことになります。

ドネーションは最高の悟りに向かわせる善行となります。インドではヒマラヤ聖者のいるところに寺院が建立され、人々が祈り瞑想して救われていきます。サマディパワーの祝福があり、祈りと瞑想が実践できる寺院建立への布施は、大きな浄化と功徳になります。私はみなさんと国を未来永劫救うために、サマディの祝福のある祈りと瞑想の寺院建立を進めています。あなたの愛で真理の悟りをもたらす寺院建立への善行ができるのです。

人々がカルマを浄化して平和の人になる善行、あるがままの自分になっていくことができる親切は、自己防衛の親切とは違う大きな功徳となります。エゴの行為でなく、相手の命を目覚めさせ救う行為です。エゴではない愛からの誠実な行為です。

善行をすることで何か損をすると思う人は、「神様が見ている」という気持ちで精進していきましょう。

自分の神性を目覚めさせていく生き方、人格を成長させ、あるがままの自分に出会う、真の成長をする生き方をしていくのです。

善行は見返りを求めない捧げる行為です。
最高の功徳となり、輝く人になっていきます。

人と自分を比べない

人より劣っていると思って落ち込んだり、人より優れていると思って驕ったり。人間の目は外を向いているので、どうしても外側の世界ばかりを見て、人と自分を比べてしまいます。同質異質などと区別するのが、心の性質です。

そして、その比較に連動して良し悪しの判断の心が働きます。人と自分を比べていると、心がかき乱されて、こだわりが強くなったりエゴが増えたりして、どんどん鎧が厚くなります。その結果、神聖な存在である、あるがままの自分から遠ざかってしまうのです。

ですから、人と自分を比べるのではなく、勇気をいただくような見方をしていきましょう。

すごい人がいた場合には、羨ましがって落ち込むのではなく、学びをいただいているのだと感謝するのです。

相手を褒めたたえましょう。自分のなすべきことをやっていくと結果は出ます。相手を貶めようとするのではなく、良いところを見て、良いエネルギーを出して、よりいっそう、自分の能力を高める方向に心をコントロールしていきましょう。

そもそも、人にはそれぞれのカルマがあります。

原因があって結果があって、その人に必要なことが起きています。自分は、他の誰かになることはできません。他の誰かも、その人はその人で努力してそうなったのかもしれないし、連綿と続く過去からの結果として、長所もあるし短所もあります。

ですから、他の誰かのいいところだけを見て羨ましがっても意味はありません。自分の中にも良いところがあるのです。

そうすると、「人と自分を比べない」というよりも「比べることはできない」というのが正しいと言えるでしょう。地球上の人間はみな、それぞれがユニークな存在だからです。

最も確実な幸せになるための方法は、良いカルマを積むことです。自分と他人を比べて、自分が正しいと思っていると、「あの人は悪い人だ、嫌いだ」とジャッジすることになります。自分が積んだカルマや価値観によって、あの人はああだこうだとジャッジします。

けれども、実はそういうネガティブな思いを抱くだけで、悪いカルマを積むことになります。

また、嫌いだという思いが波動として相手に伝わります。そうすると、カルマの法則によって相手からも嫌われます。自分がした行為は報いとして返ってくるからです。

みんな、カルマがあり、苦しんだり、無意識にエゴの守りで人を傷つけているかもしれません。けれども、その奥には純粋な存在があります。魂は輝いています。

その輝きを引き出すために、相手の真の幸せを願っていきます。気づきを得て、あなたのカルマを浄めていきます。自分の思いと行為と言葉を正しいものにしていきます。すると純粋な良い波動が自分から出るのです。

「嫌いな人の幸せを願うなんてできない」。そう感じる人はこう考えてみてください。

「良いカルマを積むために、相手の幸せを願おう。これは自分のためなのだ」

最初はエゴでかまいません。少しずつ良いカルマを積む練習をしていきましょう。

地球上の人間はみな、ユニークな存在です。
だからそもそも比べることはできません。

謙虚になる

仕事で大きな成果を上げたり、栄誉を得たり、お金がたくさんあったり。人と比べて自分が優位な立場にあると安心することもあるでしょう。

けれども、それらで満足していたとしても、いつ何が起きるかわかりません。いつ大地震が起きるかわかりません。突然大病を患うかもしれません。高学歴で知識が豊富でも自分の命をコントロールすることはできません。愛する人を失うこともあるかもしれません。

人はみな、いつかは必ず死ぬ運命にあります。そうした不安が根深くあります。真理を知らずに生きていると、何らかの悩みが生まれるのです。

悟るという最高の道を多くの人は知りません。悟りへの道を修行して歩むことで、気づきを得て叡智が湧いてきます。今ある幸せは、もちろん自分の努力もあるけれど、見えない存在、未知の力がもたらしてくれたものなのです。

謙虚になるということを学ばないと、いざというときに心の拠り所がなくなります。「みんなのおかげ」という謙虚さを持ち、見えない存在を敬い、感謝しましょう。見えない存在が、生きる力を与えてくださっているのです。人は指一本なくなってもそれを同じように再生する力はありません。突然死ぬこともあります。常に見えない存在を畏敬する心と感謝を持ち、さらに信じる心を養っていきましょう。インドでは見えない存在は神であり、人々はそれにつながる悟りのマスターのガイドを受け、信仰を深め、生きることが迷いなく進んでいっています。

「みんなのおかげ」という謙虚さを持ち、見えない存在を敬い、感謝しましょう。

「今」にいる

昔はよかったと嘆いたり、まだ見ぬ未来を憂えたり。多くの人は、心が「今」にいません。心が先の心配とか、過去への執着とか、どこか違うところへ行って、今を置き去りにしています。今から逃げています。

永遠の今にいるということは未来にも行かないし、過去にも行かない。心の欲望につながりません。

永遠の今にいます。今は変化しません。何も変化しません。

未来や過去のことを考えると、心が働き時間が生まれます。それに対して心を超えると今は何の時間もありません。心がない状態です。

私は常に、「今」にいます。究極のサマディは未来や過去の時間がなく、心を超えます。

私はこれまでにインド政府公認のもと、公開サマディを18回行ってきました。公開サマディというのは、まず、心身を浄化して純粋になり縦・横・深さ約3メートルの穴を掘り、外気が入らない密閉された地下窟に座り、究極のサマディに3〜4日間没入してとどまり、約束の日時に復活するのです。心と体を超越して創造の源の神と一体になり、人の意識の究極のステージになります。究極の悟りを証明し、人々に祝福を与え、意識を進化させるために行われるのです。インドでは数十万人の人々が祝福を得るために集まります。

初めて行ったのは1991年2月。ヒマラヤの麓です。以降、2007年まで、人々の眼前で行い祝福を与えてきました。この行は命を落とす人が出るほど大変危険で、高度な行です。私は心と体を浄めつくし苦行で源に帰り、心身を完全に超越し究極の悟りを得たのです。

極限の状態において、浄化した心と体から解放され、過去や未来から切り離され、永遠の存在となり、ただ「今」にいたのです。

今にいるというのは、非常に高度な教えです。あるがままの自分をカルマのある心が覆ってしまい、みんな心が自分だと思って本当の自分を知りません。そこにすべてが満ち、何もいらないことを知りません。ですから、心の楽しみ、色々な惑わすおもちゃの遊びに興じ、時を過ごしています。生きるために大切なことをやっていると錯覚し、心を超えた永遠の存在につながる今という静寂を知らないのです。今は何もないと錯覚して、心の喜びになる変化を求めて、今を恐れて逃げていくのです。

世界情勢が不安定な今こそ、生き方を見直すときです。あなたの意識を高める、シッダーマスターが伝える真の瞑想に出会うのです。

過去や未来に心をつなげるのをやめましょう。
時間にとらわれず、「今」にいるのです。

特別付録

実践！ あるがままの自分になる
生活習慣

ヒマラヤ大聖者からのメッセージ

正しい努力をしていきましょう

正しい思考をしましょう。
正しい行為をしましょう。
正しい言葉を使いましょう。
体も正しく使い、
正しい生活をしていきましょう。
自分を整えていきましょう。

あるがままの自分になる。
その道のりは長く、簡単ではありません。

けれども、今の自分にできることをする。
生活の一部に取り入れていく。
そうすれば、人としての成長が必ずあります。
仮面や鎧を溶かすことにつながります。
純粋なエネルギー、神あるいはそれと同等の存在とつながります。
真理の道を、清くまっすぐ進むことができます。

正しい道を歩んでいきましょう。
正しい努力をしていきましょう。

あるがままの自分になるための一歩、
内側を整える生活習慣を紹介します。

体に感謝する

自分の体の一つ一つに感謝します。
目が見えてありがとうございます。
聞くことができてありがとうございます。
お話しすることができてありがとうございます。
足を動かすことができてありがとうございます。
内臓が働いてくれてありがとうございます。
考える力を与えていただき、ありがとうございます。
人に親切にできる力を与えていただき、ありがとうございます。

自分が持っている体や能力、すべてに感謝します。そうすると自分の内側が満たされていきます。自分を愛さず、自分に満足できない人は、物に依存して、物で満足しようとします。その意識を自分の内側に向けていきます。

外側の物に執着するのではなく、自分の内側を浄めて、自分を愛して、自分の中に素晴らしいものがあることに気づいていきます。外側の物で補っても、死ぬときに持っていくことはできません。置いていかなくてはいけません。つまり、どんなに必要でいい物だと思っていた物も、結局はゴミになってしまうのです。

ですから、自分の内側を浄めて愛や知恵、パワーを引き出し、神聖な人に進化させて内側から満たしていきます。源につながり信じて、魂から発する愛や知恵を生かして心と体の調和が取れた生き方を学んでいきます。そうして神の愛の祝福をいただき、この命を終える。そういう生き方を目指すのです。

人体の五元素のバランスを整える

宇宙には万物を創造している「五元素」があります。「空《くう》」のエネルギー、「風」のエネルギー、「火」のエネルギー、「水」のエネルギー、「土」のエネルギーです。

最初は「空」がありました。そして何もないところから光が出て、雷が光ってゴロゴロという音が出て、「風」が生まれて気流が動き、雲や塵を生み、風のエネルギーが熱を持ちました。タービンを回すと熱が出るのと同じです。

それが燃えて「火」が生まれます。火が冷えて「水」が現れ、水が引いたら「土」が現れました。

小宇宙である人体も同じ五元素からできています。

「土」のエネルギーは肉体です。

「水」のエネルギーは体液や血液。

「火」のエネルギーは燃えて体温をつかさどります。
「風」のエネルギーは全身に気を巡らせます。
「空」のエネルギーは隙間を表します。もし人体が硬い鉄のようなものだったら、手足を動かすことはできません。柔軟な隙間があるからこそ、肉体を自由に操ることができます。

宇宙の五元素も人体の五元素も、それぞれが変化してより良い方向に調和を保っています。

例えば、人は風邪を引くと熱を出すことで病原菌を退治しようとします。また、怒りで頭がカーッとなることもあるでしょう。「火」のエネルギーを使って怒りを解放し、調和を図っているのです。

この五元素は、それぞれのクオリティが高くて、なおかつバランスもよい状態が理想です。それが生命力が強いということです。病気を未然に防いだり、大病になる前にサインを出して、体の危機を教えてくれます。

五大元素で構成される心身の性質は人の蓄積したカルマによって異なります。ヒマラヤの聖者は、どうすれば五元素の質を浄め、バランスを整えられるかをサマディの悟りによって知ったのです。

例えば、冷え性の人には「火」のエネルギーの活性化を伝えたり、頭が重たい人には重さを「空」のエネルギーに変容させて解消する方法を伝えます。

内側の修行は潜在意識へのアプローチで、ヒマラヤ秘教の実践であり、マスターの存在が欠かせません。次のページの表に掲げることは、ヒマラヤ聖者の祝福と信頼で1ヶ月行うことができます。自己流はエゴの影響が防げないので、何か異変がありましたら、直ちに止めます。ぜひ、マスターに直接つながる機会を得て、質を上げ、バランスを整え、生命力を高めていきましょう。

人体の五元素

	役割	この元素が不足している人の特徴	クオリティを高める方法
土	肉体	・やせている ・生命力がない ・食欲不振、疲れやすい	・納豆やお米など力がつくものを食べる ・裸足で大地を踏む ・下半身を鍛える
水	水分や水路	・むくみやすい ・貧血気味	・水分をこまめに摂る ・イライラしない（血液をサラサラに保つ）
火	体温	・胃が弱い（消化が悪い） ・体温が低い ・はつらつとしていない	・お湯（70度位）を飲む ・腹筋運動をする ・みんなの幸せを願う（慈愛の火を燃やす）
風	気の通り道	・風邪を引きやすい ・枕が変わると眠れない（敏感）	・正しい呼吸をする（p158 ・あるがままの自分を信じる（気の通り道を浄める）
空	隙間（土・水・火・風の余白の部分） 体を軽やかにする	・落ち込みやすい ・これ以外の4つの元素が強い	・新鮮で加工されていない物を食べる ・空を見る ・心を空っぽにする

五感を浄める

私たちは宇宙の一部であり、自然から生まれた自然の子です。

ですから、自然のものを見たり聞いたり感じたりすると、体の中の自然性が高まり、浄めることにつながります。

目、耳、鼻、舌、肌の自然性を高める方法、つまり、視覚、聴覚、嗅覚、味覚、触覚という五感を浄める方法を紹介します。

五感の浄め方

視覚

◎海や太陽、木々などを見て自然が放っているエネルギーを目からいただく（写真やポスターでも可）
×不自然な物、純粋ではない物を長時間見る（汚いものやテレビ・パソコン・スマートフォンなど）

聴覚

◎穏やかな自然界の音（そよ風や鳥のさえずり、川のせせらぎなど）
×荒々しい自然界の音（激しい風や荒れ狂う波の音など、自然が怒っている音）

嗅覚

◎自然界の香り（木や土、海、風、花など）
×感覚的にイヤだと感じる臭い（腐った物やツーンとする物など）

味覚

◎自然のエネルギーが宿った物を食べる（大地の中で育った根菜類、海で育まれた海藻類、芽を出す力がある木の実や豆類）
×嗜好品や食品添加物が使われている物はほどほどに

触覚

◎清潔で肌触りがいい衣服を身につける
◎太陽の温かみやそよ風を肌に感じる
×刺激が強い物（真夏の直射日光、強風、熱すぎるお風呂など）

良い言葉を使う

言葉はエネルギーを発しています。エネルギーは人の心に届き、行動に影響を与えます。

例えば、「お前はだらしない」と人から言われ続けると、実際は、たまたま一度約束を忘れただけかもしれないのに、「だらしない」と言われることで、その言葉のエネルギーが心に蓄積して、自分はそういう人なのだと思い込み、「だらしない人」というエネルギーを放つようになります。本当にそういう人間になってしまうのです。相手の価値観に染められるのです。

これは、カルマの法則によるものです。

「言葉」には質があり、言葉という行為が原因となって結果が生じます。その結果は次の行為の原因です。

先程の例は、人から言葉を浴びせられたことが原因になっていました。しかしそれだけではなく、実は「自分が相手に放つ言葉」の行為は人に影響するだけでなく、自分の心に蓄積していきます。

例えば、あなたが他人に対して「彼はだらしない人だ」と言った場合、自分にもその言葉とそのエネルギーが潜在意識に蓄積していきます。つまり、他人を悪く言えば言うほど、自分がその悪いエネルギーをまとった人間になっていくのです。もちろん相手からもいやな波動がきます。

ですから、良い言葉を使いましょう。

自分に対しても、他人に対しても、否定的な言葉を使うのではなく、肯定的な言葉を使いましょう。そうすれば、あなた自身がポジティブなエネルギーを発するようになり、ポジティブな結果がいずれ自分に返ってきます。

規則正しい生活をする

肉体は神様からお借りした神殿です。傷口を修復する自然治癒力、細菌やウイルスを退治する免疫力など、崩れたバランスを整える力が肉体には備わっています。人間がこれほど優れた生き物をゼロから創り出すことは不可能です。

肉体は神様から与えられたものであり、神様の一部である魂が宿る神殿なのです。借りたものはきれいな状態にしてお返しするのが道理です。規則正しい生活をして神様からお借りした肉体を使わせていただくという、謙虚な感謝の気持ちで、一日一日を過ごし、純粋性を保ちましょう。

心と体を浄化する1日の過ごし方

朝

・目覚めたら、今日という日を大切に生きることを誓う
・日光を浴びて、自分の中の太陽を輝かせる

昼

・善行をする
・慈愛をもって人に親切にする

夜

・入浴をして体を清潔にする

point

・心を洗う気持ちで、体を洗い流す
・体を洗う順番は、手足を上から下へ。
そして体幹を上から下へ。最後に顔から頭
・刺激が強い洗浄剤を使わない
・体をゴシゴシこすりすぎない
・与えたり取りすぎたりするのではなく、
自然性を高めることを意識する

・感謝の気持ちで眠りに就く

食事の仕方

・食べる前に「いただきます」と言う
・腹八分目を心がける（胃腸や肝臓に負担をかけない）
・残さずに感謝して食べる（命をいただいていることを忘れずに）
・食事を終えたら「ありがとうございました」
「ごちそうさまでした」と言い、後片付けを自分でする

正しい呼吸法で体内にエネルギーを行き渡らせる

ヒマラヤ秘教の教えでは、呼吸は「生と死」を意味します。息を吸うことは「生」を表し、吐くことは「死」を表します。吸うことで命をいただいて、吐くことで命を吐き出しているわけです。

実は呼吸はとても高度な修行になります。ヒマラヤ聖者は呼吸法を苦行によって熟知しました。それをアヌグラハクリヤ秘法といいます。それによって火のエネルギーを起こし、過去生と今生のカルマを焼いて浄化し、バランスを取り、変容させます。

5つの元素と心の質を純粋にして高め、超能力を目覚めさせ、悟りに導きます。ヒマラヤ秘教は密教であり、サマディマスター、聖者からの神の祝福と、叡智からの秘法伝授で、信頼をもって実践できる門外不出の教えです。

段階を追い、その人の状態に合わせた、必ず悟りのマスターのガイドで、初めて安全に実践できるのです。

根底に信仰という揺るぎない信頼がないと、潜在意識の眠っているカルマが目覚め、混乱させるので危険なのです。

本書では呼吸法の入り口にあたる自然呼吸の方法をお伝えします。異変を感じたら、すぐに止めます。

正しい自然呼吸ができている人は意外と多くありません。呼吸は心と体の状態によって乱れがちです。

右の鼻腔は陽のエネルギー（ピンガラ）が働き、現代医学で言うと交感神経の働きに通じています。左の鼻腔は陰のエネルギー（イダー）が働き、副交感神経の働きに通じています。両者のバランスが大切です。

呼吸は、基本的には鼻で行います。次ページの呼吸法を意識的に行ってください。1日10回程度が目安です。1ヶ月行いましたら、正しい先生をお訪ねください。

体内にエネルギーを巡らせる正しい呼吸法

① お腹に手を当てて鼻から息を大きく吸う（酸素が体内に入り、お腹や胸、体の前面が広がっていくことを感じる）

② 鼻から息を大きく吐く（二酸化炭素が抜けていき、お腹がしぼんでいくことを感じる）
慣れてきたらお腹に手を当てなくても OK。①②を 10 回繰り返す

姿勢をよくする

例えばお腹が痛いときは、自然と前かがみになります。お腹を庇い、保護するような姿勢になります。ですから、いつも背中が丸まっている人は、心の不安を取ると、内臓の位置が正され、正しい姿勢が取れるようになります。しかし無理に力ずくで正しい姿勢にしないこと。他の部分にも負荷がかかり調子が悪くなることがあります。

長い間の癖は、その癖でバランスを取っているので、無理に正しい姿勢にせず、源からの癒やしを行える悟りの先生のガイドを受けるとよいでしょう。源のパワーは万能の癒やしの力です。

あなたは今、どんな姿勢をしていますか？

正しい姿勢の説明をします。

正しい姿勢とは、骨盤という土台の上にまっすぐに背骨が伸びています。まっすぐ伸びているほうが、エネルギーが行き交いやすいのです。

普通は背筋が伸びるとエネルギーが正しく流れます。

瞑想修行をするための安定した体の形を発見したのは、今から1万年も前のリシと呼ばれる聖者です。インドの古代の遺跡で結跏趺坐《けっかふざ》（ロータスポーズ）で瞑想をしている姿の印章が発見されました。

そして、インドのすべての神様は、結跏趺坐をしています。太古からすでに瞑想の行が行われていたということです。また神像や仏像は蓮の花の台座に立位や座位で鎮座しています。この蓮の花の上に座る姿は、神や聖者の意識の解放を表しています。泥の中に蓮の花が美しく咲くさまが、心の暗闇から光への解放に似ているからです。足を組むことで下半身の床に触れたところが、三角の台の形となり、安定し、そのうえにある上半身が自由に解放される感じになります。呼吸がしやすく背筋が伸びて自律神経が整うというメリットもあります。

姿勢を正して宇宙エネルギーをキャッチ！

座るとき

・あぐらをかいて、手の平を上に向けて膝の上にのせる（親指と人差し指で輪を作ってもよい）

・体の中心の軸を意識してまっすぐ座る（椅子に座る場合も同様に）

立つとき

・頭のてっぺんが天とつながり、引っ張られているようなつもりでまっすぐ立つ

・腰を反らすのではなく、骨盤を立てるイメージ

むやみに物を増やさない

衝動買いというのがあります。淋しい人は色々買い物をしてしまいます。そのときは欲しいのですが、それが本当に必要ではないのです。そして、その癖が直りません。物への執着が強い人は、断捨離といって、整理して不要な物を処分するのも良いでしょう。

けれども、それがパフォーマンスになってはいけません。物を溜めないといっても、自分をよく見せるために行動するのは、どこか自慢げでエゴが見え隠れしています。

形にとらわれて物を次から次へと処分しても意味はありません。断捨離とはもともと真のヨガからの言葉です。それは外側のことではなく、心の執着を外すことを言っているのです。断とは心の執着を断つこと、捨とはその執着の思いを捨てること、離とはその執着の思いから遠く離れること。そうして執着が取れるということです。これは心の思いの執着を取る教えです。そうして、それが外側の行為にも現れるのです。自分の内側深くのあるがままの自分につながると、物への執着も取れて、物を処分するという自然な流れになります。そして、さらには本質を悟ることで、内側から満ちて淋しくもなく、みんなと分かち合うことができるのです。

まず、物に対して「これは本当に必要なのか？」と気づいていきましょう。本当に必要か、どう使うのかを考えて判断します。

もし無意識に行動していっぱい集めても、いずれゴミになるだけ。そのことを肝に銘じましょう。

善行をする

セイバーとはヒンドゥ語で奉仕のことです。インドの人は常にお寺へ行って奉仕をしたり、布施によってお寺を建てたりします。神様に供物を捧げ布施をするのです。子供のときから信仰心をもって神への奉仕と布施をすることが根付いています。

労力で奉仕をし、才能があるのなら、そうした技術や知識を捧げます。

思い切った布施を悟りの聖者にすると、執着が取れて祝福を受け、カルマが浄まり、幸運になります。その布施は、悟りの修行をしたり、世界平和を祈る寺院の建立に使われます。聖地ができ、そこで祈りと瞑想をする人の喜びが布施をした人に還るのです。子孫に祈りと瞑想の寺院を残すことは世界平和につながります。

布施や奉仕、善行は動物にはできません。人間にしかできないことです。人間だけが布施をして、カルマを浄化し、功徳を積み、質を高められるチャンスがあるのです。

自然は神の意志によって、与えて調和を取るシステムができています。人間はその調和の役に立っているでしょうか。心をいただいた人間は、人間社会をよくするために何かをクリエイティブに作っています。しかし、その一方で自然のバランスを崩しているのです。これからは奪う生き方から与える生き方をしていきます。

内側から変容して愛と平和の存在になることは、人間だけができる世界に調和をもたらす進化した生き方です。それは捧げる生き方です。蓄積された執着を溶かすための布施と奉仕が欠かせないのです。

体が丈夫な人は労力で奉仕し、知恵がある人は知識を差し出し、お金がある人はお布施をしましょう。

もらってからお返しするのではなく、最初に出します。自分のことを優先するのではなく、周りの幸せを祈って捧げる生き方をしていきましょう。

おわりに

あるがままの自分、それは本当の自分です。それは神から分かれた魂です。しかし、魂は何生もの蓄積したカルマの心に覆われ曇っています。ですから誰もあるがままの自分のことを知らないのです。ヒマラヤの聖者が心身を浄め、心の曇りを溶かし、そこに至る道を発見したのです。それは究極のサマディの成就です。それによって魂、あるがままの自分を悟ったのです。

それは涅槃《ねはん》、あるいは、ムクシャ、ムクティ、ケーバラヤ、ニルバーナとか、宗教によって言い方が違います。魂、さらに神と一体になることです。インド哲学に、出家していない人の涅槃、あるがままの自分に至る道に六波《ろくは》羅蜜《らみつ》という方法が示されています。在家の人は心を使い、迷い、楽しみ、ストレスを積みます。できるだけストレスを取り込まないように、またついてしまったストレスを取る方法と、ストレスがつかない独立した生きる姿勢が示され、社会の中でも最高の人間になっていけるのです。

具体的にそのステップは、布施・持戒・忍辱《にんにく》・精進・禅定・智慧と進みます。ストレスを取り込む生き方である社会や家庭での生活から、捧げて布施をしていきます。持戒とは正しい心身の行為をすること、心身が歪まないような正しい使い方です。そして忍辱とは良いことをするため、耐え忍びます。嫌悪せず、受け入れます。精進は、良いこと、また、瞑想修行をし続けます。さらに禅定、神につながり精神統一をして、あるがままの自分に出会うということです。

私たちは自然の一部です。

自然はみな、見返りを期待することなく、与える生き方をしています。

太陽は温かく大地を照らし、恵みをもたらします。太陽のような存在が魂で、命を人に与えています。しかし、魂が心の曇りで覆われ、光が閉ざされているのです。

海は自分を分かち合い、雨として降り注ぎます。

木々は酸素を生み出し、命を支えます。

それに対して人間はどうでしょう。心が発達した人間は欲望を持ち、それに振り回されています。


人間にとって調和のとれた生き方とは、「あるがままの自分」を目指す生き方です。自分の中の自然性を取り戻す生き方です。あなたは元々すべてが完全である、輝く自分なのです。自分の内側に眠る神秘の力に気づいていきます。それを開花するのが、ヒマラヤ秘教です。内側を浄める力が最速で最大です。あなた自身の才能も開花し、豊かな人生を送ることができます。

ヒマラヤ秘教で究極のサマディを成就し変容した私は、あなたを目覚めさせ、あなたの心の曇りを取ることができます。あなたに段階を追った瞑想秘法を伝授し祝福を与えて、根本から整え、また日々の生き方と守りの実践をすすめ、あるがままの自分を覚醒させる道をガイドしています。

あなたと出会える日を、そしてあなたが、あるがままの自分に還る日が来ることを願っています。

２０２４年６月

ヨグマタ・相川圭子

④ 公開サマディ

1991 年 2 月、ヒマラヤの麓で初の公開サマディを行う。

その後、2007 年までの間に計 18 回、インド各地で世界平和と真理の証明のために公開サマディを行う。

⑤ 世界平和を願う様々な活動

・1992 年、ワールドピースキャンペーンで欧米諸国を訪問。以来、講演、セミナーを毎年開催。

・1993 年、インドの無医村へモービルホスピタル寄贈、維持・運営に協力。以来、インドを中心にチャリティ活動を続けている。

・2000 年 8 月、インドの国会議長、元首相他、総勢 20 名の国会議員よりインド大使館を通じて表敬訪問を受ける。

・2010 年、インド四大聖地の一つで、インド政府主催の大祭にて、最高指導者として行進、人々に祝福（ブレッシング）を与える。2013 年、2016 年も同様に祝福を与える。

・2016 年 10 月、NY の国連本部で開催されたヨガと平和についての国際会議に主賓として招かれ、平和のスピーチと瞑想と祈りを行う。

・2019 年 8 月、インド政府の協力のもと、ニューデリーにて世界平和賞「ワールドピース・キャンペーン・アワード」を開催。

・2023 年 6 月、NY の国連本部で開催された国際ヨガデーの式典に特別ゲストとして招かれる。インドのモディ首相に祝福を授ける。

ヒマラヤ大聖者・ヨグマタの軌跡

① 出生、父との別れ

1945年、山梨県の北東部で7人きょうだいの末っ子として生まれる。父親は1歳のときに他界。

② ヨガと出会う

16歳のときに吹き出物を治す方法を調べていたところ、ヨガの本と出会う。26歳のときに日本人の体質に合わせた総合ヨガ「相川ヨガ」を考案。全国50箇所以上で教室、セミナーを開催し、ヨガの監修指導を行う。

その後も精力的に活動を続け、NYやカリフォルニアでヒーリングや心理療法を学んだほか、インドやチベット、中国などでヨガの修行を積む。

③ ヒマラヤでの修行

1984年11月、テレビ番組を通じて、伝説の大聖者ハリババジの弟子であるパイロット・ババジと出会う。

1986年、ハリババジに師事し、高度5000mを超えるヒマラヤの秘境で死を超える修行を行う。

翌年も翌々年もヒマラヤ秘境を訪れて修行を重ね、悟りを得る。

ヨグマタ　相川圭子

女性で史上はじめて「究極のサマディ（悟り）」に達した、現在世界で会えるたった2人のヒマラヤ大聖者（シッダーマスター）のひとり。仏教やキリスト教の源流である5000年の伝統をもつヒマラヤ秘教の正統な継承者。1986年、伝説の大聖者ハリババジに邂逅。標高5000メートルを超えるヒマラヤの秘境で、死を超える究極のサマディ修行を行い成就。神我一如に何日もとどまる最終段階のサマディに到達、究極の真理を悟る。1991年から2007年にかけて、計18回、インド各地で世界平和と真理の証明のため公開サマディを行い、その偉業はインド中の尊敬を集める。2007年、インド最大の霊性修行の協会「ジュナ・アカラ」より、最高指導者の称号「マハ・マンダレシュワル（大僧正）」を授かる。日本をはじめ欧米などで法話と祝福を与え、宇宙的愛と叡智をシェア。サマディからの高次元のエネルギーと瞑想秘法を伝授、指導。真の幸せと悟りのための各種研修と瞑想合宿を開催し、人々の意識の進化と能力開発をガイドする。2016年6月と10月、2017年5月には、国連の各種平和のイベントで主賓としてスピーチを行う。2019年8月にはヨグマタ財団（インド）がインド政府の全面的な協力のもと、ワールドピース・キャンペーン・アワード（世界平和賞）を開催。2023年6月にニューヨーク国連本部で開催された国際ヨガデーの式典ではインドのモディ首相に祝福を授ける。
『ヒマラヤ大聖者の「手放す」言葉』『ヒマラヤ大聖者のマインドフルネス』（ともに幻冬舎）、『ヒマラヤ大聖者のあなたの淋しさに寄り添う100のことば』（世界文化社）、『The Road to Enlightenment: Finding The Way Through Yoga Teachings and Meditation』（Kodansha USA）など著書多数。さらにテレビ・ラジオでも、人生が豊かで幸せになる新しい生き方を伝えている。TBSラジオ「相川圭子 幸せへのメッセージ」にレギュラー出演中。

ブックデザイン　山本知香子

イラスト　カワダホ

構成　森本裕美

あるがままの自分になる

2024年6月20日　第1刷発行
2024年11月15日　第2刷発行

著　者　相川圭子
発行人　見城 徹
編集人　菊地朱雅子

発行所　株式会社 幻冬舎
〒151-0051 東京都渋谷区千駄ヶ谷4-9-7
電話　03(5411)6211(編集)
　　　03(5411)6222(営業)

公式HP：https://www.gentosha.co.jp/

印刷・製本所　中央精版印刷株式会社

ISBN978-4-344-04292-6 C0010

この本に関するご意見・ご感想は、
下記アンケートフォームからお寄せください。
https://www.gentosha.co.jp/e/